HOUSE OF PUZZLES

HOLIDAY
PUZZLES

THIS IS A CARLTON BOOK

Published by Carlton Books Ltd
20 Mortimer Street
London W1T 3JW

Copyright © 2011 Carlton Books Ltd

A CIP catalogue for this book is available from the British Library.

ISBN 978-1-84732-833-5

Printed in the UK by CPI Mackays, Chatham, ME5 8TD

HOUSE OF PUZZLES

HOLIDAY PUZZLES

A variety of 200 challenging
puzzles to solve wherever you go

CARLTON

Welcome to Holiday Puzzles

Holidays are the perfect time to indulge in a good puzzle. In this book you'll find a wonderful variety of brainteasers to stimulate your mind while your body takes a well-earned break.

Word grid

To solve a word grid you must fit the words from the lists into their correct positions on the grid. A bit of forward planning is needed where several of the words listed could fit into the same place.

Code grid

This is like a crossword without conventional clues. Every number in the grid represents a single letter (and only that letter). Using observation and logic, you should be able to determine which letters go where.

Sudoku

Place the numbers 1 to 9 in each empty cell so that all nine numbers appear in each column, each row and each 3x3 block.

Word search

The listed words are hidden in the grid. They may be written horizontally, vertically or diagonally and may even be back-to-front!

Across

5. Shared trait (11)

7. Creativity (3)

8. Grabbing (6)

9. Not local (11)

11. Flower (6)

13. Underwater vehicle (3)

14. Richard was brave (11)

Down

1. Extreme arrogance (11)

2. Teeter (6)

3. Stare (4)

4. In the blood (4,3,4)

6. Lacking will (9)

10. Enthusiasm (6)

12. Limp (4)

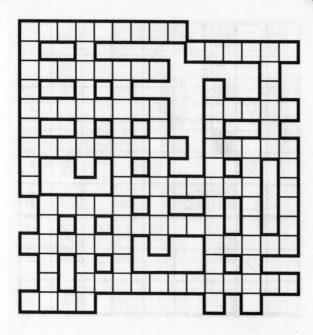

4 letter word	CHASMS	TELEVISE
ISLE	CODIFY	**9 letter words**
5 letter words	EUNUCH	FIELD TRIP
COACH	FORAGE	REST-CURES
REFER	RETURN	SNARE DRUM
TITAN	**8 letter words**	SWEETMEAT
VEGAN	ATTEMPTS	**12 letter words**
6 letter words	DWELLING	LABOUR-SAVING
AWHILE	ENFORCED	OVERNIGHT BAG
CACHET	EYE TOOTH	PICK UP THE TAB

	7		4					
		3					6	
	6	8	9	7				5
8					2			
7	9			1			5	2
			5					6
6				3	1	2	7	
	2					5		
					4		1	

Crossword

Across

1. Parallel shading (10)
6. Realistic (4-4)
8. Spade (6)
9. Narrow fissure (4)
11. Masticate (4)
12. Slander (6)
14. Ocean current (3,5)
15. Solar over-exposure (10)

Down

1. Romanesque style (10)
2. Casual channel-hopper (6)
3. Pinnacle (4)
4. Very objective (8)
5. Annoying (10)
7. Web opening (4,4)
10. Ruler (6)
13. Disorderly retreat (4)

			3					1
		8			2		9	
	6				7	4	2	
		7		2				
	5	1	6		9	2	3	
				1		6		
	1	6	7				4	
	7		9			3		
8					5			

Crossword

Across

7. Radiant light (7)

8. Smash hit (3)

9. Convey feeling (5)

10. Sugary (5)

11. Thorn (4)

12. Fool (4)

15. Step (5)

16. Goodbye (5)

18. Regret (3)

19. Raisin (7)

Down

1. Commit changes (4)

2. Checks for mistakes (11)

3. Very well (5)

4. Monster (5)

5. Firm (11)

6. Be quietly angry (6)

11. Restaurant (6)

13. Get up (5)

14. Venture forth (5)

17. Absorb (4)

```
U T R O P R I A B E R G A Z S
S Q D U B L I N A I R P O R T
C S P E K E D U L L E S N U A
H T A C O M A I X W O W P G N
I U B Y D A N M O R B G C C S
P V R D J N Q L K A I T A K T
O N O N F O S S T P A U L N E
L U M F K N J V E N I C E M D
K K M Q U N A R G E F H S T S
Q O A O Y A A R E L M D O N Y
J V H L L H O R L Z O G O O E
L O R C O S U J I A E H H M A
D O R V A L O M N T N I R U D
E I D L E W I L D Z A D Z D O
R O I S S Y M A P L I N A A N
```

ARLANDA	IDLEWILD	ROISSY
BROMMA	JFK	SCHIPOL
BROMNA	KAI TAK	SHANNON
DORVAL	LOD	SPEKE
DUBLIN AIRPORT	LOGAN	ST PAUL
DULLES	MAPLIN	STANSTED
DUMONT	NADI	TACOMA
DYCE	NARITA	TEGEL
ELMDON	O'HARE	VENICE
EZEIZA	ORLY	VNUKOVO
HOUNSLOW	OSLO	YEADON
HURN	RHOOSE	ZAGREB AIRPORT

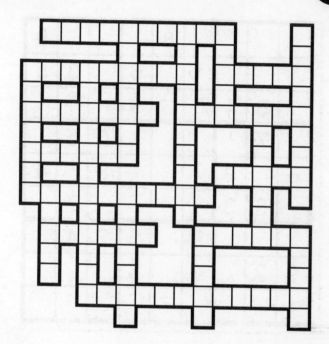

5 letter words

GHOST

INTRO

KORAN

LOUSE

UVULA

YIKES

6 letter words

GATEAU

LAY OUT

THWACK

7 letter words

AUCTION

ITALICS

NOSTRUM

REQUIRE

SKID LID

WOODCUT

9 letter words

NONSMOKER

SUBWOOFER

10 letter words

DISHEARTEN

MALT WHISKY

STRENGTHEN

12 letter words

PROCESSIONAL

WILL-O'-THE-WISP

				8				9
			1		6		3	5
	6	4	5		9			
	7					6	5	
6		9				3		4
	8	3					7	
			9		5	2	4	
9	2		4		8			
1				7				

Across

4. Insures certainties (9)

7. Sixty-three thousand and 360 inches (4)

8. Hairy, warm-blooded vertebrate (6)

9. Registration (9)

10. Table-shine (6)

12. Street-car (4)

13. Peevishness (9)

Down

1. Amphibious US military branch (6,5)

2. Carriage (4)

3. Danger zone (7,4)

5. Purple-flowered mentha plant (9)

6. Prime Minister's home (6,3)

11. Sacred (4)

Maze

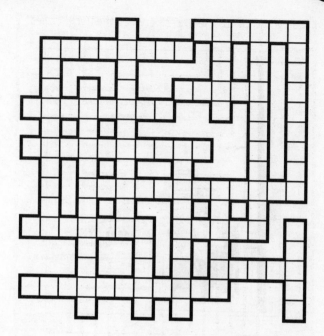

5 letter words

ADIEU

ENNUI

ONION

SINCE

TAPIR

TOKEN

6 letter words

ASK FOR

STRING

7 letter word

WAYSIDE

8 letter words

ATHENEUM

MEPHITIC

9 letter words

GO-GETTING

ROBOTLIKE

10 letter words

AMPERE-TURN

MULTIMEDIA

11 letter words

BLOODSUCKER

DISHEVELLED

INQUISITION

12 letter words

ALL-EMBRACING

JE NE SAIS QUOI

Can you spot 10 differences between the two pictures?

Word search

```
M R A C A P I L L A R Y C K S
L L I T T M M E I X P O E U L
A C O R A U H E P L W O L U N
P O A I I I E H I P B O N E E
F E B N S L S L E X E G A E C
H I A S H I N R K V T X V E K
T R B O G Y S I L N Q L E N W
C T C U D G G A E Q A V L K I
G U T I L Y M P H V E S S E L
N A S A L A D R E N A L C D A
F E N E S T R A L C U L N A R
Y D A N E V Q L O D N A H P Y
N I K S T V H H S O H O L Q N
H J E L B O W X D X Y E S P X
Q B U F O E E E O P G Y C E X
```

ADRENAL	HAND	NECK
ALVEOLUS	HEART	NODE
ANKLE	HEEL	NOSE
ARM	HIPBONE	PALM
CAPILLARY	ILIUM	SHIN
COWPER'S GLAND	KNEE	SKIN
CRANIUM	LARYNX	SOLE
DUCT	LEG	TIBIA
ELBOW	LIP	TOE
FENESTRAL	LUNG	ULNAR
FIBULA	LYMPH VESSEL	VALVE
FOOT	NASAL	VEIN
GUT	NAVEL	VENA

Sudoku

4			7					
					8	4	9	
		8		3			5	
9		5		1				
	4		8		2		6	
				9		2		1
	5			8		6		
	8	6	5					
					7			3

Across

1. Consumed (5)
4. Abrupt strike (5)
8. One who leaves (4)
9. A football team? (6)
10. Rebel (8)
11. Indicates location (2)
12. Identity (2)
13. Plea (8)
14. Witty chat (6)
15. Firm (4)
16. Snake (5)
17. Hot air source (5)

Down

2. Providential state (5,6)
3. Critical HQ (5,6)
5. Polygraph (3,8)
6. Together peacefully (11)
7. Large shop (9)

```
T Y C O R B E L C F F S A F R
F T L I R A L L I P L S S V C
A R I S C R E E N O E I H D Y
H E E I R D J N O M C M L A R
S F R L L N R A I R H P E R B
N O N F A A R C M L E O R E M
D I E O L C I E A B I S C N U
H L N H W R I N T P Z T X A A
Y I S O C L E T I S I D C T T
M A A U B S O Z P F A T A E R
H A L O P U C O G I V E A D R
C A L M E R Y R E L L A G L O
R E R E D O S H T N I L P G E
A J E R U T A L B A T N E J Y
K E Y S T O N E F R I E Z E N
```

ALMERY	ELLIPTICAL	OGEE
ARCH	ENTABLATURE	OGIVE
ARENATED	FINIAL	PILLAR
ASHLAR	FLECHE	PLINTH
ASHLER	FRIEZE	RECTILINEAR
AUMBRY	GALLERY	REREDOS
CAPITAL	IMPOST	SCREEN
CORBEL	IONIC	SEMI-CIRCULAR
CUPOLA	JAMB	SHAFT
DADO	KEYSTONE	SOCLE
DORIC	LIERNE	TORUS
EASTERN	MINOAN	TREFOIL

Word grid

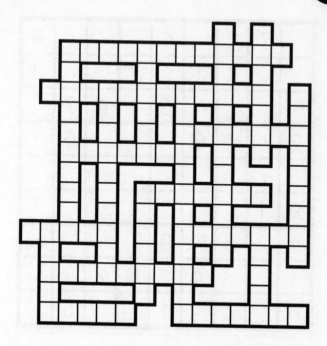

5 letter words

ENVOI

OASIS

RODEO

SIDLE

6 letter words

ENAMEL

MOTIVE

7 letter words

AIRLESS

EMBASSY

LUCERNE

RAIMENT

RUFFIAN

UNMANLY

9 letter words

BOY SCOUTS

SANS SERIF

10 letter words

HORRENDOUS

UNRIVALLED

12 letter words

ARCHITECTURE

CRUSH BARRIER

ONE-UPMANSHIP

UPON MY HONOUR

	7			4				9
		4	1		7			2
				5		4	7	
2			9				6	1
9	1				4			7
	2	3		9				
1			4		6	2		
8				1			5	

Across

1. Bend (4)
3. Falsify (6)
8. Joke (3)
9. Frequently pierced (7)
10. Living thing (8)
12. Handy plant for sunny days? (4,4)
14. The beach (7)
15. Inn (3)
17. Bright (6)
18. Church centre (4)

Down

1. Stale air (3)
2. Young raptor (6)
4. Hearing aid (3,7)
5. Indivisible? (4)
6. Peep spot (7)
7. Take out (10)
10. Enduring (7)
11. Italian spirit (6)
13. Open wide (4)
16. Mad Cow Disease (3)

Spot the difference

Can you spot 10 differences between the two pictures?

5 letter words

COWER

HOO-HA

STRAP

USHER

UTTER

6 letter words

DEPORT

HAUNCH

STENCH

WEALTH

YARROW

7 letter words

DIFFUSE

EPISTLE

MIRRORS

OBLIQUE

9 letter words

GRAFFITIS

TEST DRIVE

10 letter words

PERSECUTOR

PICARESQUE

11 letter words

LORD'S PRAYER

ORTHOGRAPHY

12 letter words

CHIROPRACTIC

CIVILISATION

```
A I P I C A S S O Z Y D P O S
S N B Z B W E S T S T U B B S
B I E U S O T N I E T S P E Z
A L G M T E Y M O N E T C D L
N L B O O L A D N Z I N A S H
S E G O D R E L Z O S I R G T
K B X R E J S R C C T N F E A
Y N E E L K E E N U T S N R E
G O Y A A H Y G E C J A L U X
I S Y U C S R D P C M A Q L I
G N C U R I A U U H O A T L A
D E O M O B B R F I R R A I U
U B L N I A R E D B B B D O B K
F U E U X B E R R U G U E T E
Y R S R E D Y R T R E B L A W
```

ALBERT RYDER	COROT	KLEE
ALLSTON	DALI	MANET
BANSKY	DELACROIX	MONET
BARYE	DERAIN	MOORE
BELLINI	DUFY	MORSE
BERRUGUETE	DURER	NASH
BOUCHER	ENZO CUCCHI	PENCZ
BOYD	EPSTEIN	PICASSO
BRAQUE	ERNST	RENOIR
BRUYN	ETTY	RUBENS
BUTLER	GOYA	STEEN
CLAESZ	GRIS	STUBBS
COLE	KITAJ	WEST

	25		12		18		5		13		2	
3	10	19	6	5	25		26	13	5	2	9	7
	24		9		22		5		10		26	
24	10	4	8		19	25	10	2	9	19	6	11
			22		22		3		7		12	
4	3	6	14	2	9	16		25	5	9	9	14
	10		18		15		16		12		2	
10	5	16	5	25		23	6	6	7	12	10	9
	16		21		26		15		1			
17	1	2	21	21	8	2	15		22	20	22	9
	7		3		2		22		6		9	
1	22	25	22	6	23		26	7	25	2	20	22
	25		26		23		26		14		14	

1	2 I	3	4	5	6	7	8	9 N	10	11	12	13
14	15	16	17	18	19	20	21	22	23 F	24	25	26

```
E T A B R T F I H S D E R L A
S O C M S E A S T R O N O M Y
P D V Q O T T V Y E P O C H B
I U G C L C A S R L S H R D C
L O M A B D T R U P P V A G O
C L R L L T M T C L H C B S M
E C A L U A O E R A C X N B E
E T S I R E X V E N U S E W T
O R A S G A N Y M E D E B D Q
R O U T P R P R E T I P U J U
B O Q O U T J E N E B U L A R
I E R T U H M I L K Y W A Y A
T U A I C O S M I C D U S T N
E S A N O O M U A W Z H U R U
N E P T U N E J N E B U L U S
```

ASTRONOMY	GANYMEDE	PHASE
CALLISTO	JUPITER	PLANET
CLUSTER	MARS	PLUTO
COMA	MERCURY	QUASAR
COMET	MILKY WAY	RED SHIFT
COSMIC DUST	MOON	SATURN
CRAB NEBULA	NEBULAR	SETI
EARTH	NEBULUS	STAR
ECLIPSE	NEPTUNE	SUN
EPOCH	OORT CLOUD	URANUS
EUROPA	ORBIT	VENUS
GALAXY	ORION	

Crossword

Across

1. Glasses (5)
4. Prices (5)
7. Frequency (7)
8. Hot drink (3)
9. Flavour (5)
11. Froth (5)
12. Boring (5)
14. Airless (5)
16. Formican (3)
17. Scrabble (7)
19. Gritty board (5)
20. Wipe out (5)

Down

1. Beginning (5)
2. Hearing device (3)
3. Room (5)
4. Game (5)
5. Fruit (7)
6. Legless reptile (5)
10. Surprise (7)
12. Quench (5)
13. Unreliable (5)
14. Split (5)
15. Weird (5)
18. Strangler (3)

	3		5					
2			1		7	9		
	7			8			1	5
7							9	
1	9	8				3	6	7
	4							2
8	6			1			4	
		7	6		8			3
					4		7	

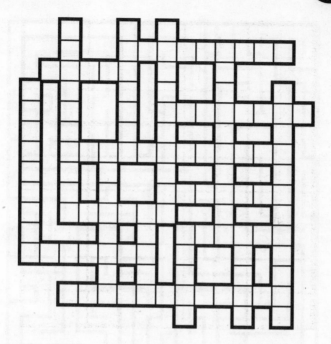

5 letter words

GAMMA

IMBUE

MANIA

SLEEP

6 letter words

SADISM

TRUDGE

7 letter words

BEATNIK

DEWDROP

NIOBIUM

8 letter words

CELLULAR

CROUPIER

9 letter words

BIRDBRAIN

EVERYBODY

10 letter words

BULLHEADED

QUADRUPLET

VELOCIPEDE

12 letter words

NAMBY-PAMBIES

PICK UP THE TAB

TARTARE SAUCE

Across

1. Weight (4)

4. Fourteen-line verse (6)

7. Uneducated (8)

8. Shale (5)

10. Doctor (5)

11. Carpus (5)

13. Friendly (5)

16. Derivates (4-4)

18. The Case of the Indirect Object (6)

19. Bend (4)

Down

2. Fowl ovum (3)

3. Unspecified people (5)

4. Hitch (4)

5. Saltpetre (5)

6. Dodgy (7)

9. Nicaraguan currency (7)

12. Japanese speciality (5)

14. Up high (5)

15. Light cloth-covered frame (4)

17. Spruce (3)

				9	4	1	5	3
	4	5				8		
			1					
	8			5			1	
5			2		3			7
	3			4			2	
					2			
		3				5	9	
6	5	8	4	7				

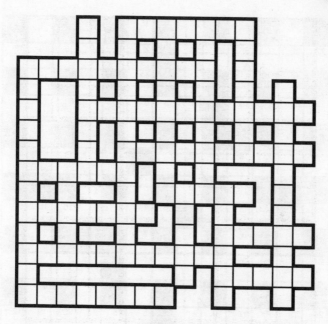

5 letter words

ANNUL
EMBED
ODDLY
PAYEE
UNSAY

6 letter words

EXODUS
FRESCO

7 letter words

ROBOTIC
SOMEDAY
Y-FRONTS

8 letter words

EXERCISE
PRINCESS

9 letter words

DISEMBODY
MOUSETRAP

10 letter words

CARBON SINK
STRIP CLUBS

11 letter words

QUANTUM LEAP
UNDERGROUND

12 letter words

CONTERMINOUS
SECOND COMING
SMALL FORTUNE

	26		1		26		15		26		22	
22	20	12	5	3	13		7	6	19	10	19	16
	16		3		6		13		8		10	
25	6	2	14		7	15	6	8	3	6	16	6
	13				4		2		19		19	
18	22	22	18	26	19	7		3	2	11	5	19
			21		2		13		11			
19	13	11	19	19		26	19	21	19	16	15	5
	19		16		26		2				2	
24	15	26	26	11	5	19	1		24	3	26	12
	4		6		6		18		15		9	
24	16	15	17	19	2		5	18	9	23	19	12
	19		19		4		23		5		16	

1	2	3	4 G	5	6	7	8	9	10	11	12	13
14	15	16	17	18	19 E	20	21	22 P	23	24	25	26

```
T E C Y R B Y G I K A Z O R N
J Q D E E R L O N F E O E E O
Y L L I E R O W U N Q R W K Z
O E N I A T J E S Y E H R C T
U E Q T A X T R N E L D E E N
N N B S F W N O Q E E Y E H E
G R S P E M C O B L J U E L B
K O B L U A X R T B S X O L J
L B L C B R B V A E A P W R L
H S I F O B Z C O T L D K N C
U O N T B B S B O A H P M A Y
J C S N E L B E W L G N P H H
L A J C H M H S M A U N U A V
G A K U T A G A W A R M I C C
M E X I C I C E R O E D Q L F
```

ABBOTT	EDEN	ORR
AKUTAGAWA	FISH	OSBORNE
APPLETON	GOWER	OZAKI
ASTOR	HECKER	REED
BACON	HEYSE	SUE
BECKE	HUME	SUN
BENTZON	JOLY	TAINE
BOK	KERR	TAO
BRYCE	LEE	TASSO
CAHAN	LING	WALPOLE
CICERO	LYELL	WARD
COBB	MAY	WELLS
COLUM	O'REILLY	YOUNG

Sudoku

			7			6	9	
	1				6			
			2					
			5			3	6	
		2	3				7	9
			8			2		
2	5	6						
				8	7			
3		7		1	2			

Crossword

Across

5. Wager (3)
6. Extreme (7)
7. Folly (8)
10. Last (5)
11. Wrapped irritant (5)
13. Belief system (8)
15. Oddness (7)
16. Adipose (3)

Down

1. Pottery (7)
2. Stunned (5)
3. Swiftness of flight (8)
4. Naughty (3)
8. Thermal transfer unit (4,4)
9. Agenda (7)
12. Honestly (5)
14. Singular (3)

Word search

```
T D Y T O P O T T E M L E H Y
E M A G R D L E I F N I O E S
K B N O T U O N R H F O K F O
C E P E C Z N S O N P C Y W C
I R S S E T J L N B O L O S C
R P E A V R E V O H U R X P E
C U L K B I G O L F H L I M R
S C S L N W O O D T F N C U B
S K V O B U Y F Y T G E T T O
H T N V K L B Y A P R E N S W
C E R E L R A W O I E A N S L
T M A I D E N N P T R U V L E
A A S V K U G M U C C W A E R
M D E Y U E U Z U H W B A T L
P Z L K J T R O G Q M O S Y A
```

BALL	HOLE-IN-ONE	PROP
BASE	HOOP	PUCK
BAT	INFIELD	RUN
BOWLER	IRON	SET
BUNKER	LOVE	SILLY
CLUB	MAIDEN	SOCCER
CRICKET	MATCH	STRIKER
FAIRWAY	NET	STUMPS
GAME	OFFENSE	TEE
GOLF	OUT	THROW
GREEN	OVER	TRAVEL
HELMET	PING PONG	UMPIRE
HOCKEY	PITCH	WOOD

5 letter words
ENDUE
ORPIN
PERCH
SHARD
TROOP
TRUCE
UNPIN

6 letter words
INFIRM
PUT OFF
RUSSET

7 letter words
NOMINAL
TSUNAMI

9 letter words
ADVERTISE
ANTIPASTO

CHAMELEON
GOLDEN ROD
REPAYMENT
TOOTHACHE

10 letter words
PIT MANAGER
UPROARIOUS

12 letter words
ICONIC OGRESS
SECOND NATURE

Spot the difference

Can you spot 10 differences between the two pictures?

Crossword

Across

1. Offspring (3)
4. Honorific (5)
6. Oxygenated compound (5)
8. Craft (5)
11. Smell (5)
12. Recovery program (5)
15. Not yet (5)
18. Chivvy (5)
19. Sprinkle (5)
22. Top notch (5)
23. Spar (5)
24. Stroke lightly (3)

Down

1. Sketch (4)
2. Explosive star (4)
3. Common (4)
4. Bristly flower headed plant (6)
5. Word corrector (6)
7. Book (4)
9. Fish eggs (3)
10. Spiral of life (3)
12. Wealth (6)
13. Frozen rain (4)
14. Unpaid higher rank (6)
16. Roman salute (3)
17. Scratch out (3)
19. Lip (4)
20. Resonant (4)
21. Sharpen (4)

			1					
7		6	8			1		9
				5	4		3	
	3	2				4		
6	1						9	8
		5				3	7	
	6		4	9				
9		1			8	7		3
					5			

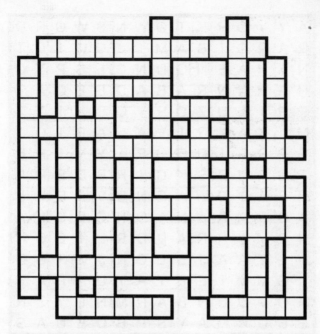

5 letter words

FORUM
JOKER
ROGUE
TRIAL

6 letter words

INK-JET
NEARLY
NOPICK
SISTER

7 letter words

MATTING
OWN GOAL
WORKTOP
YTTRIUM

10 letter words

FELICITOUS
INSENSIBLE
SCHOOLGIRL

11 letter words

COMPOSITION
SINGLE-TRACK

12 letter words

CHAMPIONSHIP
NIGHTCLOTHES
PRECANCEROUS
THERMOS FLASK

```
A Y Y O R K T O W N S W O R D
R A R C T B A M I J O W I D T
N T H A E N O D N O L S P Y Q
H A M N N R A B A D E E O A T
E P I N U Z C R V Q B L I T Z
M L Z A L R I V A U A B T O G
E P P E I D O O R T Y Y I B E
T G R U B S K C I R E D E R F
H S A D O W A E N U V B R U L
A D A M R A N I O H G E S K A
N R M V H R A B D R L T E O N
D E Y A A J S L O N J W R G D
U G M M I E E Y A Y U A P A E
N O M D U N B A R M N L Y Z R
E B U R M A Y S P B O E U A S
```

ALAMO	ETHANDUNE	PATAY
ANZIO	FLANDERS	POITIERS
ARMADA	FREDERICKSBURG	RUHR
ARNHEM	GAZA	SADOWA
BETWA	IWO JIMA	SELBY
BLITZ	JENA	SOLE BAY
BOYNE	JUNO	SOMME
BURMA	LONDON	SWORD
CANNAE	MARNE	TARANTO
CORUNHA	NASEBY	TOBRUK
CRECY	NAVARINO	ULUNDI
DIEPPE	NILE	YORKTOWN
DUNBAR	OMAHA	YPRES

Word search

```
B T Y L O H C L B N G A P Y S
R A N J E S U S E C N A N E P
L U K E T A V U M N I S I A N
J O H N P O Q Y R G R E G S S
G R A C E R R U F H U V A T E
F M A R K R E A T G E I M E F
D O G A H E V S H N O L L R I
M R W Q L F R E E W I L L T L
S A M O H T D O M O S A D V L
R T D R S I A P E R G R S E A
E S N A T A S R S S N E C R N
G R F I H V I G S H I G V S R
N H O W M E M A A I K Z O E E
A N G E L S O E G P R I E S T
M R I L S G N L E K C X U N E
```

ADAM	GRACE	PENANCE
ALTAR	GUILT	PRIEST
ANGELS	HELL	SAINT
EASTER	HOLY	SATAN
EDITION	JESUS	SERPENT
ESAU	JOHN	SIMON
ETERNAL LIFE	KINGS	SIN
EVE	LUKE	STAR
EVIL	MAGI	THE MESSAGE
FAST	MANGER	THOMAS
FREE WILL	MARK	TORAH
GOD	MYRRH	VERSE
GOLD	PAUL	WORSHIP

Crossword

Across

7. Mouth instrument (7)
8. Be indebted (3)
9. Crested bird (5)
10. Delight (5)
11. Downtrodden (9)
16. Found creativity (2,3)
18. Burst of fire (5)
20. Devour (3)
21. Rinse (7)

Down

1. Drum (5)
2. Hearty (4)
3. Straight (6)
4. Identical (4)
5. Give (6)
6. Party (5)
12. Hair design (6)
13. Found out (6)
14. Frictionless sound (5)
15. Serious (5)
17. Check (4)
19. Single (4)

Word grid

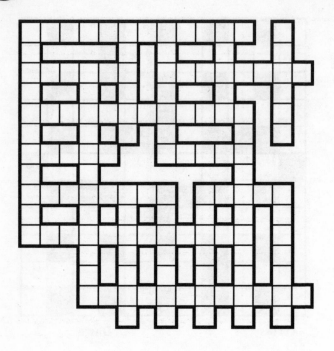

5 letter words

SABRE

TABOR

THORN

UNMAN

6 letter words

HUNG UP

STAPLE

THENCE

7 letter words

CONSUME

DOORWAY

ELITIST

NOURISH

UTILISE

8 letter words

EPISODIC

ICEBOUND

11 letter words

RINGMASTERS

WISDOM-TEETH

12 letter words

HEADMISTRESS

HOME COUNTIES

OVERACHIEVER

PART OF SPEECH

WILL-O'-THE-WISP

				5	7		3	
8			9					6
	6			8				
5		8		7				4
		3				6		
6				4		1		3
				2			5	
2					1			8
	3		7	9				

	26		8		25		2		1		12	
1	5	9	10	25	5		1	6	5	22	5	21
	12		9		18		21		19		26	
19	12	14	9		11	5	16	19	25	8	16	4
			14		5		19		14		9	
10	24	14	12	14	2	22		9	12	5	16	9
	2				22		1				5	
8	12	10	7	14		1	25	16	13	5	18	21
	16		10		26		15		10			
1	2	23	9	3	16	19	6		6	5	8	8
	23		16		21		16		23		17	
10	19	22	2	24	14		20	14	23	16	5	1
	14		19		9		6		15		4	

1	2	3	4	5	6	7	8	9 D	10	11	12	13
14	15	16 I	17	18	19	20	21	22	23	24	25 K	26

Crossword

Across

5. Forbidden zone (2-2)
6. Malignant growth (6)
7. Urban rodent (3)
8. Hereditary marker (4)
9. Eavesdrop (6)
11. Grab (4)
13. Appear (4)
15. Baby's bed (6)
16. As well (4)
18. Make a mistake (3)

19. Silver tray (6)
20. Triumph (4)

Down

1. Gown (4)
2. Brow (8)
3. Eightfold group (5)
4. Settle conclusively (6)
10. Study (8)
12. Foreign parts (6)
14. Intoxicated (5)
17. Cosy (4)

						3	8	7
3				2				
	5		9	3				
5						4	1	
1			5		7			3
	2	3						6
				1	3		7	
				5				4
6	3	4						

Word grid

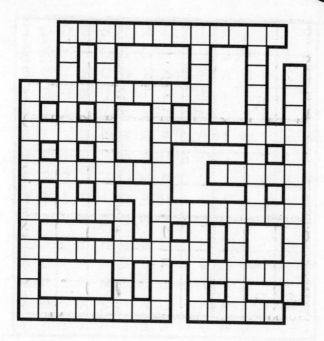

5 letter words

CAMEL

EPOCH

EVERY

6 letter words

COYOTE

GARISH

HOBBLE

INVITE

ORISON

RANGER

8 letter words

ASTUTELY

CARELESS

CROSSEYE

SUCCINCT

10 letter words

ANTITHESIS

EAST GERMAN

FOUR-COLOUR

FURNISHING

INCUMBENCY

12 letter words

EARSPLITTING

FLAMETHROWER

FRENCH GUIANA

INCREASINGLY

Word search

```
S A L A R U T A N T B B G O Z
A L L M L L E N O Z O L Y X D
E A N B A G T X I C D R I B S
P I K T I V A I T J L X P C Y
H L R S C N P L A G I A A I J
Y I I W I I O E R F X L S I D
A F T Q L D E H E N Y F I S H
H D N N I L C A N C E R R G B
V Y I A A P Z R E D I P S G F
E S E M M L Z F G D S E Y E L
I Q T A S H P O E D N K B F O
N A O O S G T J R E X A I U R
F O R M M T N S G D R E L N A
S B P X A A N U A F E A E G X
L L E C W D O O L B B R Z I Y
```

ALBINO	EYE	ORDER
ALGA	FAUNA	OZONE
ASTHMA	FILIAL	PEAS
ATRIA	FISH	PLANT
BILE	FLORA	PROTEIN
BIRD	FORM	REGENERATION
BLOOD	FUNGI	SCALY
CANCER	GENES	SKIN
CELL	GLAND	SPIDER
CILIA	HELIX	STOMA
CLASS	LUNGS	TORPID
EAR	MALE	VEIN
EGGS	NATURAL	YEAST

Spot the difference

Can you spot 10 differences between the two pictures?

	9					2		4
5	3	6		4				
7				6				
					4			
	4		1	5	2		9	
			6					
				1				3
				7		9	4	5
6		9					7	

Across

2. Apply oneself (3)
5. Holey container (5)
6. Twenty quires (4)
8. Nautical gaol (4)
9. Nine-day prayer (6)
11. Napped leather (5)
12. Dodge (5)
14. Vend again (6)
16. Network (4)
19. Break (4)
20. Astonish (5)
21. Junk (3)

Down

1. Experience again (6)
2. Ocean (3)
3. Soldier (7)
4. Look (4)
5. Little brother or sister (3)
7. Whiter (4)
10. In a good position (4-3)
11. Indian dress (4)
13. Flyboy (6)
15. Chunk (4)
17. Past time (3)
18. Cask (3)

Word grid

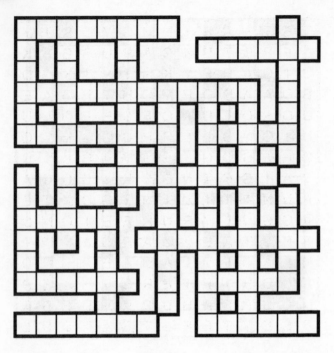

5 letter words	STUCCO
AXIOM	TROUPE
HOKUM	**7 letter words**
KOREA	IN VITRO
LIMBO	OVERJOY
6 letter words	**8 letter words**
ARMPIT	OPEN-PLAN
GO-KART	SURPRISE
NATIVE	**9 letter words**
POTTER	GUINEA PIG

INTERLUDE

11 letter words

MANOR HOUSES

PANDORA'S BOX

ROMAN EMPIRE

12 letter words

CHAMBER MUSIC

COMMON MARKET

SALESMANSHIP

Word search

```
T E T W A B I N H G Y Q R I Y
A F P D T E K C A P U S E F K
O T G A H E Y K N I P T K G D
B Q A A D O P M O H T P O A E
U O R O L D W Q F S H F O L U
H I O N B L L R R U C S H L Q
O R W S O G E E S M A C K I R
Y A I G C T N O S K Y B U O A
P U N T T I M I N T G D T T B
J O G U L Y R U R E E I O M D
P H C T R E J Z A R G A G W P
R B A O F T T A O B E R M R D
A C D R I F T E R S P H A E P
M E U P R A H U P K V U E B R
P S E T T E E J T F A R D P L
```

ARK	GIG	PRAU
BARGE	HERRING BOAT	PROA
BARQUE	HOOKER	PUNT
CAT	HOUARIO	RAFT
COB	HOY	REED
CUTTER	JUNK	ROWING
DHOW	LINER	SETTEE
DORY	MTB	SHIP
DOW	PACKET	SMACK
DRIFTER	PADDLE STEAMER	SURFER
E-BOAT	PINK	TUG
GALLEON	PRAHU	U-BOAT
GALLIOT	PRAM	YACHT

Spot the difference

Can you spot 10 differences between the two pictures?

Across

1. Grove (7)

4. Thick, infected liquid (3)

6. Distinct (9)

8. Fumigate (5)

9. Path (5)

10. Aware (5)

12. Remove fleece (5)

13. Definitely (9)

15. Be shot of (3)

16. Critical element (7)

Down

1. Rechewed grass (3)

2. Likeness (5)

3. Raise up (5)

4. Commonly occurring (9)

5. Audio source (7)

7. Sporting record (9)

8. Spoken defamation (7)

11. Express gratitude (5)

12. Iberian country (5)

14. There (3)

Maze

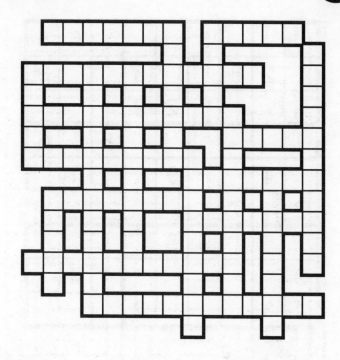

5 letter words	TEL AVIV	LIEUTENANT
GUSHY	VETERAN	**11 letter words**
I-BEAM	**8 letter words**	GREASEPROOF
TABOO	EURASIAN	JUDGMENT DAY
TIGER	GIGANTIC	THREATENING
TRAWL	**9 letter words**	**12 letter words**
7 letter words	RESISTANT	MERCHANT BANK
EASTERN	TECHNICAL	SHAVING CREAM
HUNDRED	**10 letter words**	TRESTLE TABLE
	FIRST NIGHT	

			3				6	5
	2	8			5			9
			2	9				
1						8		6
	4			9			1	
2		7						4
			9	8				
9			1			4	2	
4	3				2			

```
O O E U Q C L A C I D A R Q I
J K A T O L A I N N E R E P T
J P P M A A S Z E P D I T P N
O I O C S N N U E D A L A H E
N S M P O C I N O S L E C L D
E G I B B N I M U E B D I O A
Y K C A R L V O R A C A P E P
E O T S U I E O D E L A S M O
A X I A L N C T L E T O R T T
R Q C L G T B A Y U M E F A H
P O A I A A I X T Y T R D B E
K R L L F R F I C E O E A N C
X R A L E O I L R U G O S E I
C R O A E I D E G S C U R F A
Z J C C B D T H C A L L U S L
```

AERIAL	BAST	ONE-YEAR
ALAR	BIFID	PERENNIAL
ANNUAL	BLADED	PHLOEM
APOMICTICAL	CALLUS	RADICAL
APOTHECIAL	CAULINE	ROLLED
ARACEOUS	COMOSE	ROUGH
ARILED	CONVOLUTE	RUGOSE
ARMED	CORK	SCURF
AROID	CYMOSE	SPICATE
AXIAL	IMBRICATE	SPIKE
AXILE	INDETERMINATE	TERETE
BASAL	LIGNEOUS	

Sudoku

	5	2						
			3			8		5
				6	4			7
			8		1	3		2
	1						8	
8		5	7		2			
5			1	9				
9		4			3			
						9	7	

Across

1. Excavations (4)

4. Network (6)

7. Small mammal (4)

8. Straw roof (6)

9. Fretful (7)

11. Scots cap (3)

13. Pouch (3)

14. Kids' gunfire (3-1-3)

16. Give up (6)

18. Long-beaked bird (4)

19. Through this (6)

20. Silica (4)

Down

2. Not working (11)

3. Perspires (6)

4. Drunkard (3)

5. Chair (4)

6. Sudden utterance (11)

10. Treatment centre (3)

12. First canonical hour (6)

15. Curved projection (4)

17. No (3)

Word grid

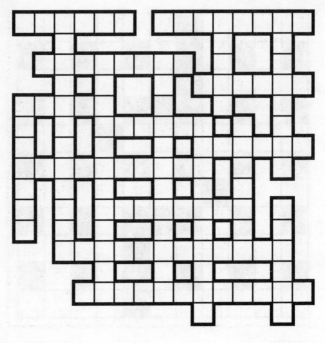

5 letter words

NADIR

PIPER

6 letter words

BEAUTY

EARTHY

PILLAR

SCRIMP

UNFURL

7 letter words

BREWPUB

NEWBIES

8 letter words

AIRTIGHT

GIGAFLOP

LEAP YEAR

PUPPY FAT

10 letter words

BRAIN DRAIN

PENALTY BOX

12 letter words

ANTIMACASSAR

FIELD GLASSES

PERSONA GRATA

STATUS SYMBOL

WATER BOATMAN

Word search

```
R D S A I N T A N D R E W S L
M C O L C H E S T E R R L U K
A R C O R H A Y S A O A E J N
U I A E N R I N S R C L I E O
D N A M E H U R S T H C P T C
H V B B D N Y A K U R I B O K
E E I Z N I E H P C C A C D E
L R O E O T M E Q T O K M N K
C L Y R R S R E O D E R M E S
H O H V W A C N Y R O Y N E R
O C G L I F V A M E L O X E P
V H R Y C X A O C S M M L S T
Y Y U G H H U O T R M O E W C
F Y B N E T F A D R E W O T L
K Y A H H T R B O O C C D K C
```

ACRE	HURST	PICTON
BURGH	INVERLOCHY	PIEL
CHIRK	KNOCK	RAHEEN
CLARE	LEOD	RAIT
COCKERMOUTH	LYMNE	RED
COLCHESTER	MAUD	RIBER
CORNET	MEY	ROCH
CUTRA	MIDMAR	SAINT ANDREWS
DOON	MOY	STAR
DOTE	NORWICH	STRAME
ELCHO	NUNNEY	TENBY
FAST	ODO	THREAVE
HAY	OER	TOWER

15	11	7	10		18	4	10	17	13	10	10	7
11		13		15		13		6		3		23
11	22	18	15	18	17	10		18	2	17	10	7
24		2		17		23		9		18		23
21	18	12	17	23	6	3	19	9	9	16	10	
23				15		11		16		11		23
5	11	7	18	20	10		25	10	2	2	10	16
1		19		23		4		17				7
	7	24	23	2	17	16	23	7	23	1	16	10
23		2		7		10		18		23		24
8	19	11	7	23		24	10	4	14	4	16	10
19		25		12		18		26		11		12
23	16	25	24	10	17	4	11		18	2	25	11

1 B	2 N	3	4	5	6	7	8	9	10	11	12	13
14	15	16	17	18	19	20	21	22	23 A	24	25	26

Crossword

Across

1. Drifting aimlessly (6)
4. Overheated (3)
6. Tweak (4)
7. Steeple (6)
8. Manorial grounds (7)
10. Airtight container (3)
12. Sprite (3)
13. Tropical grassland (7)
15. End part (6)
16. Yielding (4)
18. Negation (3)
19. Split (6)

Down

2. Infectious disease (3)
3. Old British qualification (1,5)
4. Ship's frame (4)
5. Landscape (7)
7. Swaddle (7)
9. Joy (7)
11. Rope (6)
14. Store (4)
17. Sum payable (3)

			5	7				3
				8	6	4		5
3						8		
				4			3	6
	4						8	
7	5			1				
		2						4
4		7	8	9				
9				5	3			

Word grid

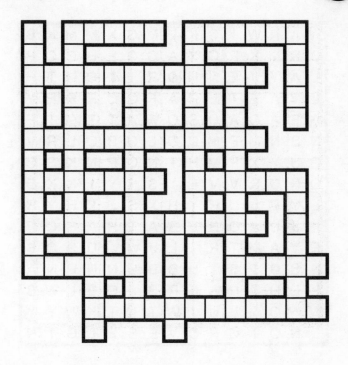

5 letter words
ETHYL
HENCE
SABLE

6 letter words
BANANA
DIALER
ENTIRE

REHASH
STONED

7 letter words
CROONER
HOODLUM

10 letter words
EGOCENTRIC
HOUSE-PROUD

12 letter words
BREATHALYSER
EXPERIMENTAL
NEUTRON BOMBS
NURSERY RHYME
OFFICEHOLDER
PUNCHED CARDS
RED BLOOD CELL

```
W A R W I C K L M G X M M K B
C R M K R O Y A C G E H C O P
L A Y J E N H D R I L O U T H
L V A E T L R A F G C R R H Y
A E A O A O S O W A T T Q I E
N B N M F M D O L O B O L R V
G U Y X E M H I N O R N K S O
O R O R V V E I S R Y T K K D
L Y E L U R Y H X S Z L H Y R
L J U A O B E B A T H A S C E
E Y A M T R I L J W W D S O B
N S D I S T U B B E N N U N A
L E H T U W E R S L O E L W B
W W O Q L U I W T L T K W Y Y
L N O T G R O V E S E L G I N
```

ABERDOVEY	GREAT TEW	MEIFOD
AVEBURY	HAWES	NOTGROVE
BATH	HAWORTH	OXFORD
BIBURY	HORTON	RYE
BOSHERSTON	KELSO	THIRSK
BOURTON	KENDAL	TRURO
CONWY	LACOCK	WARWICK
DISS	LLANGOLLEN	WEDMORE
ELGIN	LOUTH	WELLS
ETON	LUSS	WHITBY
EYAM	LYNTON	YORK
GRASMERE	MALHAM	

Spot the difference

Can you spot 10 differences between the two pictures?

Word search

```
M Q G O X I N Q E X Y I W I E
D P K X K B Y A O S N H E Z K
E B A D Y X A Y E Q Y C I D B
E T A R E S P T U B U L O O O
D N G R O B T D Y T A A W W E
B E X G T L T S R E W I E J S
E R S Y E A I O R A N E Q O A
S U R D R T P A R G S Y A N E
N S A E M M S D B R X A E E R
E Q E F I R M E U Y A R B S C
P T R A M D T B N T A L E I N
X U R B Y S S B D H Y U C N I
E B A C K I C V S I D F T D D
T U C A D A E A F O B E L E A
O J O I S O E T L U A E J X N
```

ARREARS	DUTY	OWE
AWARD	EEC	OWING
AYE	EU	PAR
BACK	EXPENSE	PAY
BAILOR	FEE	RATE
BEAN	FIRM	REALIZE
BID	IDLE	RENT
CUT	IMPORT	SETTLE
DEBTOR	INCREASE	SHARE
DEED	IOU	TARE
DISBURSE	MART	TAX
DOW-JONES INDEX	NEST EGG	TERM
DUES	NET	VAT

Across

1. Alter ego (6)
4. Food defence (3)
6. Squash (7)
8. By (3)
9. Baked pastry dish (3)
10. Retard (5)
12. Heard (5)
14. Hive insect (3)
15. Freeze (3)
16. Frame (7)
19. Worthless fool (3)
20. Long for (6)

Down

1. Curve (3)
2. Expose (3)
3. Remain (5)
4. Flying device (7)
5. Haggle (6)
7. Scientific workroom (3)
9. Twist (7)
11. Difficult (6)
13. Insect resin (3)
14. Find fault (5)
17. Winter sport tool (3)
18. Examine (3)

Word grid

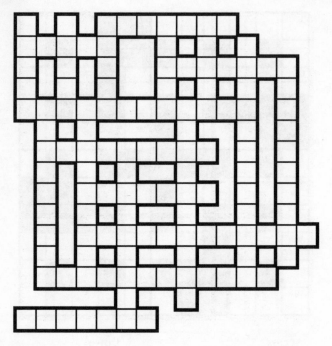

5 letter words

CRUMB

HOVEL

LARGO

STING

TORSO

TUBBY

7 letter words

BARRACK

HOSTILE

LEISURE

VISIONS

9 letter words

BATTLE CRY

DETRIMENT

IMITATION

OLD MASTER

10 letter words

GENERALISE

KICK AROUND

12 letter words

CRASH LANDING

GOBBLEDYGOOK

MARKET GARDEN

RHYMING SLANG

			9	7	3			
	2					3		5
			1				8	
		2					6	
				7				1
	9	6	4			8		
	5		6	1				
		1	7			2		3
	8	4						

Maze

Across

7. Ease off (5)
8. Conscious (5)
9. Conjure up (5)
10. Choose representation (5)
12. Element 75, Re (7)
18. Beginning (5)
21. Embarassment (5)
22. Strike out (5)
23. Match total (5)

Down

1. Tease out fibres (5)

2. Prefer (6)
3. Formal withdrawal (6)
4. Level (4)
5. Leafy green (4)
6. Snarky (5)
11. Romanian currency (3)
13. Shade (3)
14. Demand (6)
15. Flowery field (6)
16. Tall building (5)
17. Stair post (5)
19. Travel by ship (4)
20. Rank (4)

Word search

```
A H O D Y S I N U T X D W S M
A I W H V A U E F A O B O O A
O I S E O U L R O I C K R F N
B E R N K A U A R P L O Y Y A
A E X O N C T Y T A N O Z O J
L C L K T B T H D I K N M B D
A G A A C E E N E I A A M E I
M R Q L M P R I F N A I D L B
A A I O R N A P R N S S F M A
W M R A B A T E A U R O A O H
A X I C N M C G N T T C C P S
T A E A C M A B C S A I C A D
T R S O H A I M E U U N A N X
O L S O C A R A C A S V D V Y
N U K U A L O F A H A V A N A
```

ABIDJAN	DAKAR	OSLO
ACCRA	DOHA	OTTAWA
AGANA	FORT-DE-FRANCE	PRAIA
AMMAN	HAVANA	PRETORIA
ANKARA	LIMA	RABAT
APIA	LOME	ROME
ATHENS	MACAU	SANAA
BEIRUT	MALE	SEOUL
BELMOPAN	MORONI	SOFIA
BERN	NICOSIA	SUVA
CAIRO	NUKU'ALOFA	TOKYO
CARACAS	NUUK	TUNIS
DACCA		YAREN

Word grid

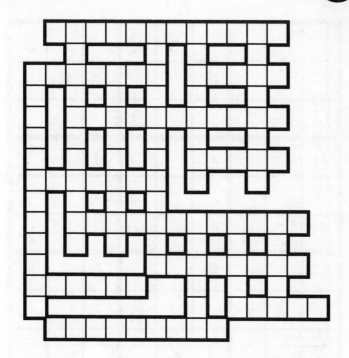

5 letter words

ORBIT

RABAT

RHEUM

TASER

VALVE

6 letter words

RUMPLE

SCARED

7 letter words

SATANIC

UNUSUAL

8 letter words

CAMISOLE

CORDUROY

PLANARIA

9 letter words

BANDOLIER

NERVOUSLY

11 letter words

FORASMUCH AS

OUT-OF-BOUNDS

12 letter words

BOW AND SCRAPE

DECASYLLABIC

DELIBERATIVE

SHOW BUSINESS

				5	2			3
			6				8	
7		1			3			
8						9	4	
1								7
	5	3						2
			9			7		6
	3				6			
9			1	2				

Can you spot 10 differences between the two pictures?

Word search

```
W O L I H P I Q U E T N G B O
H K N U B E Z I Q U E Z B I K
I L R E K O P S P I D E R R N
S L N S F S T R E E T S A C U
T E A H N O S I B R I D G E B
V C T Z E E U P I N O C H L E
I E N T F A V N A Y M M U R O
E E A H N M R E D D O G B L I
T R F E I Q V T S A E F O R F
R F H S T A K S S C T S I B E
A F E T P O T S W P H I O S D
C R A A B A C C A R A T O E H
E E V R A C I N G D E M O N U
G A N O O T N O P W B A R G V
E R H C U E V I N G T E T U N
```

BACCARAT	GIN	RED DOG
BEZIQUE	GRAB	RUMMY
BRAG	HEARTS	SEVENS
BRIDGE	HI-LOW	SKAT
BUNKO	MISERE	SOLO
CRIB	NAP	SPADES
ECARTE	OMBRE	SPIDER
EUCHRE	ONE FOUNDATION	STOP
FAN-TAN	PINOCHLE	STREETS
FARO	PIQUET	THE STAR
FISH	POKER	VINGT-ET-UN
FREE CELL	PONTOON	WHIST
	RACING DEMON	

Crossword

Across

6. Saying (5)
7. Similar to (5)
8. Jigger (3)
10. At such place (7)
11. Heart atrium (7)
13. Converter (7)
15. Kernel (3)
16. Seating device (5)
17. Where land meets sea (5)

Down

1. Good with fish (6,5)
2. Lead-tin alloy (6)
3. Enclosed water (4)
4. Most important golf hole (8)
5. Shindig (3,8)
9. Rapscallion (8)
12. Moderate cherry red (6)
14. Ripped (4)

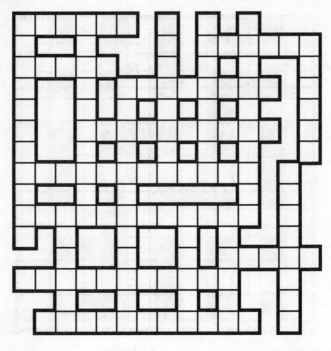

5 letter words	LATENT	UNDERPANTS
READY	**8 letter words**	**11 letter words**
TOOTH	ADOPTERS	CIRCUMSPECT
6 letter words	MONSOONS	PIECE OF CAKE
AMPERE	SCIOLIST	RESUSCITATE
ASYLUM	THANK YOU	**12 letter words**
BASALT	**10 letter words**	CHASTITY BELT
CASUAL	OPEN SECRET	MERETRICIOUS
CUPOLA	PARTY LINES	PEANUT BUTTER

		3		4	9			
			5		6	4		
2	5			3				
1	4					3		
		7	2		4	8		
		9					4	6
				6			9	1
		1	9		2			
			3	1		5		

2	10	13	8	4	14	23		20	19	15	9	11
13		20		25		16		4		1		9
15	10	13	14	26	13	11	19	1	24	4	1	17
9		1		19		11				17		23
14	4	23		10	13	4	17	22	9	13	26	13
		13		19		24		4		16		15
8	16	14	17	25	13		11	1	13	14	3	18
13		26		9		21		4		9		
17	4	18	2	26	10	19	19	25		19	16	1
13		13				26		18		14		16
7	13	6	13	17	5	16	13	2	15	9	19	14
9		9		9		14		9		2		16
25	13	15	16	22		17	13	2	12	15	19	22

1	2	3	4	5 Q	6	7	8	9	10	11	12	13
14	15	16	17	18	19	20	21	22	23	24	25 L	26 C

Crossword

Across

6. Curved structure (4)

7. Signal receiver (6)

8. Worship (6)

9. Garden hut (4)

10. Achievement (4)

12. Hurry (4)

14. Urban environ (4)

16. Dusk (6)

18. Suggest (6)

19. Side with (4)

Down

1. Come together (6)

2. Garden party (4)

3. Bathe (4)

4. Rubber (6)

5. Moderate (4)

11. Fiddle with (6)

13. Odiferous (6)

15. Sole (4)

16. Killed (4)

17. Indian bread (4)

4			7		6		3	5
		3	8		5			
6	9	4			1		7	
			4		2			
	8		9			4	6	3
			5		4	7		
5	3		2		9			8

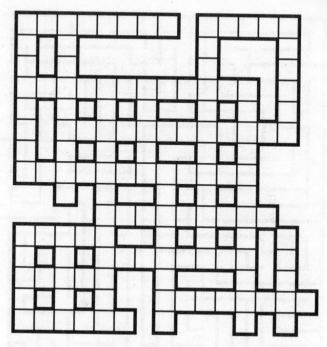

5 letter words

BEDEW
BRACE
DRILL
RABBI
ROTOR
ROWER
WIDOW

6 letter words

LUXURY
REWARD

8 letter words

CASHMERE
CUSTOMER
EMERITUS
EXECRATE
TENDENCY

9 letter words

SHORTCUTS
VICE VERSA

12 letter words

CRYPTOGRAPHY
DISAGREEMENT
ENTREPRENEUR
EXPERT SYSTEM
HIRE-PURCHASE
PAY PER VIEWER

```
D M Q C N K A R R H E N I U S
I D T L N O I L A K L A D D T
P L I V H I I E E A J N C O Z
A O N M Z N Z T Q D A I O C H
R S Z J R V F H A A I R L W G
J T L A H A V E N R A N E B J
M K O A G R E R X N D T A E V
I U O N R Y C L I I A Y A Y X
A O I N F E D O C D Y T H Y C
C R T R E D N M O U S K E E E
I E Z E U S T I I O N I C M D
M O L E K C N N M M J M E M F
R A Y S L P E U T R I T I U M
S O D A V R R E B A H N T A F
A P Y C T U H X Y F F N E M T
```

ALKALI	FAT	OHM
ANION	HABER	OIL
ARRHENIUS	IMINE	ORE
AZO	INERT	PVC
BUNSEN	INVAR	RAYS
CLAY	IODATE	RING
CURIUM	IONIC	RNA
CYANIDE	KETO	SODA
DDT	META	SOL
DEHYDRATION	MICA	TIN
DNA	MINERAL	TNT
EMF	MOLE	TRITIUM
ETHER	NUCLEAR	ZINC

3						2		
8			2	1		6		
5		1		9		4		
7				5				
		2	9		4	7		
				3				2
		6		2		8		4
		8		6	7			5
		5						7

Across

1. Perch (5)
4. Semi-precious stone (5)
7. American university (4)
8. Discuss (6)
9. Space rock (6)
10. Chaff (4)
11. Collective (4)
13. Term (6)
16. Splash (6)
18. Bridge (4)
19. Cow ride (5)
20. Not ever (5)

Down

2. Speak formally (5)
3. Surround attack (5)
5. Weapon (3)
6. Earth Day symbol (5)
8. Hide boat (7)
12. Idealised likeness (5)
14. Interior passageway (5)
15. Ghost (5)
17. Farewell (3)

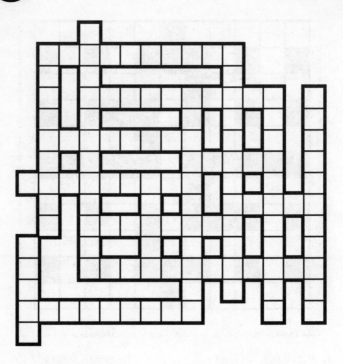

5 letter words

ENSUE

HEART

NOTCH

SUMAC

8 letter words

DIRT BIKE

ROOMMATE

9 letter words

BLOODLUST

COAL MINER

RUNNERS-UP

10 letter words

BRASSED OFF

THUMBSCREW

11 letter words

DISENTANGLE

SLEEPWALKER

WIRETAPPING

12 letter words

BATTERING RAM

FERRIS WHEELS

MERCY KILLING

```
N E R T J N M Y T S C S I V Y
N T I N H Q F S B A R E D Q A
I M F E P O A W R A W V P J D
A I D V P O L D I B B L H N S
F N Y D T A G I M P K E M A A
B C J A H O R U D V H J O Y M
L E O N N A F T G A D T P C T
D P J G S L P L Y L Y E A P S
D I G I F T I P O P O M K W I
I E N I V I D G Y C E O L X R
P S L Y D X S T H L K C M M H
U B L S T A R M R T R A D E C
C O I Y R A M T A O S U S E J
H E W R A P P I N G P A P E R
S T N I C K F A I R I E S G T
```

ADVENT	FIR	MAGI
BABY	FLOCK	MARY
CAMEL	GIFT	MINCE PIES
CARD	GOLD	NOEL
CEDAR	HAM	PARTY
CHRISTMAS DAY	HAPPY	PORT
COMET	HOLIDAY	RED
CRIB	HOLY	SLED
CUPID	INN	ST. NICK
DIVINE	IVY	STAR
EGGNOG	JESUS	TOAST
ELVES	JOY	WRAPPING PAPER
FAIRIES	LIGHTS	XMAS

		7	8	6			4	1
2			7					
			2		4		6	
7	8							
			4	9	1			
							2	9
	5		1		2			
					6			2
3	2			4	8	6		

Crossword

Across

1. Hem in (5)
4. Tall Canadian tree (5)
7. Shape of UFOs? (6)
8. Satisfy (4)
10. Sticking together (8)
12. Ready (8)
15. Skim swiftly (4)
16. Place (6)
17. Musical phrase (5)
18. Used up (5)

Down

1. Deep singer (5)
2. Metal fastener (4)
3. Non-drinker (8)
5. Gold-bearing gravel (6)
6. Upright (5)
9. I will start now (4,4)
11. Win over (6)
12. Postulate (5)
13. Open (5)
14. Price reduction (4)

```
E D Q H R R M D N H T D M E M
D R R E G N I S K S Y T A R A
A L X N U O V C Z X E Q C Y D
G X H E N E N T J F M N D L Q
K V J S Y R N G E I S X O H X
U I K C H O Z A D N Y N W J P
G O Y O M O G N I R R I E L W
O L E G W M I L H A U D L M I
L A E N A M D L E F Q M L A S
D S D D M I U C N O J L L E L
M F O H E R H A D L U O G S A
A Z B R K P G O R K C N D T M
R I A B C R Z H L I O O B O E
K B S T O M K I N S D N A S Y
C P S Y L A D O K R T S X O X
```

AIR	GOULD	NICOLAI
ARNOLD	HOLST	NONO
BASS	ISLAMEY	OBOE
BAX	JIG	ORGAN
CUI	JONES	PED
DIM	KODALY	RING
EGMONT	LOCKE	SEGNO
ENESCO	LYRE	SFZ
FELDMAN	MACDOWELL	SINGER
FOLK	MAESTOSO	SOR
GADE	MAW	TEN
GOLDMARK	MILHAUD	TOMKINS
GONG DRUM	MOORE	VIOLA

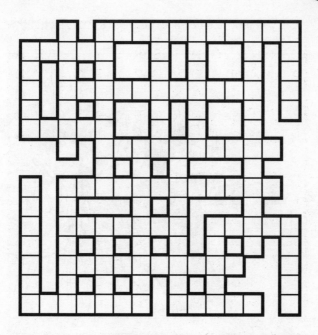

5 letter words

COATI

CRAZE

ELOPE

ENROL

ENTER

HOICK

KAPUT

KOALA

TERMS

7 letter words

EWE-NECK

MALAISE

MELANGE

SENDUPS

SMUGGLE

TANBARK

UTENSIL

9 letter words

EMBELLISH

PALAESTRA

ROOTSTOCK

10 letter words

GEOLOGICAL

THREESCORE

11 letter words

BRACE AND BIT

PERMISSIBLE

12 letter words

BROTHER-IN-LAW

SHADOWBOXING

Can you spot 10 differences between the two pictures?

Word search

```
D O P K M R U S Y T E Y L Z Z
E H C P J C D I R B R A G E R
D O S H O E R L W E T I I F O
S G S L I A T H J A B C K B M
V L N E S O H Q M R Q B O S P
Q Q L O M I D D Y B L O U S E
T O G A R F Y H B O W L E R R
T B T F R A N O R A K M G T S
R L I C H E S T E R F I E L D
O E E B O R V B D A V N V I O
U A T B M C U O Z K R I H K O
S I S S P I I F S K Z M S A H
E L Y M L N C A F O L T U O T
R N I T F U M N R F O Q I F R
S M C P Q T P T S H I R T J F
```

ANORAK	KILT	SKIRT
BELT	MASK	SLIP
BIB	MIDDY BLOUSE	SOCK
BOWLER	MINI	SUIT
BRA	MUFTI	TAILS
CHESTERFIELD	OVERALL	TAM
DERBY	ROBE	TOGA
EARMUFF	ROMPERS	TROUSERS
FEZ	RUBBERS	T-SHIRT
GARB	RUFF	TUNIC
HAT	SARI	ULSTER
HOOD	SARONG	VISOR
HOSE	SHOE	VIZOR

Crossword

Across

1. Chopper (3)
3. Nutty sweet (7)
7. Raise up (7)
8. Master (3)
9. Old boat (3)
11. Student community (7)
13. View (7)
14. Noise of disapproval (3)
16. Suitable (3)
17. Captain (7)
19. Representative (7)
20. Wage (3)

Down

1. Expert (5)
2. Sheep (3)
3. Calm (7)
4. 100 square metres (3)
5. Examine (7)
6. Lofty nest (5)
10. Meaty drink (4,3)
12. Whenever (7)
13. Unnecessary (5)
15. Late (5)
17. Bribe (3)
18. Vim (3)

Word grid

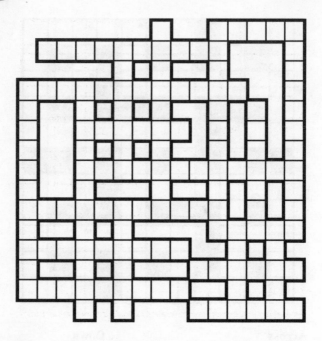

5 letter words
ELDER
EXILE
HERON
LEMUR

6 letter words
EARFUL
HARDLY
LIMPID

SORBET

7 letter words
EARDRUM
VAULTED

9 letter words
ESTABLISH
NAILBRUSH

10 letter words
DUTCH UNCLE
PERPETUITY

11 letter words
CONTINUANCE
HYPOTHESISE
NORTHWESTER
UNRIGHTEOUS

12 letter words
CONSTRUCTION
SWEET WILLIAM
TIME CAPSULES

Sudoku

			4		9			
		5	1					
2						6		1
		7			4	5	9	
5		4				1		2
	9	3	6			7		
3		8						5
					8	4		
			3		6			

Crossword

Across

1. Financial record (6)
4. Thrash (4)
6. Prisoner (6)
8. Judge (4)
9. Unwelcome insect guest (4)
10. Thicket (5)
12. Bed-cloth (5)
13. Struggle through (4)
15. Tie (4)
17. Flying monster (6)
18. Fodder (4)

Down

2. Disinterest (5)
3. Seductive glance (4,3)
4. Move up and down (3)
5. Grovel (5)
7. Thrilled (7)
11. Stamp duty (7)
12. Wading bird (5)
14. Ultraviolet shield (5)
16. Past effort made (3)

		5			8	1		
	3					2		
7	1				5			
2					9			3
6				5				
	5		1		6			
5		6						
							4	
9	7			1		8	6	

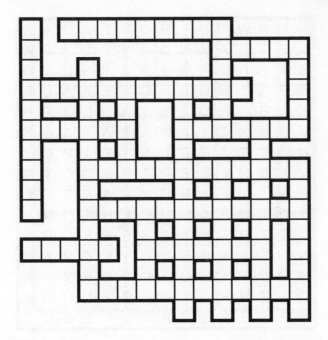

5 letter words

BEGET

POLAR

RETRO

TABBY

YODEL

6 letter words

ATTAIN

BAD EGG

7 letter words

RENEWAL

TUBULAR

8 letter words

NARRATED

SHOELACE

9 letter word

DISCORDIA

10 letter words

STRAWBERRY

WHIMPERING

12 letter words

ALPHABETICAL

CHIEF OF STAFF

FLUORESCENCE

IRREFUTABLES

OUT-OF-FASHION

STORM TROOPER

```
R M R W W D L R O R E H B A X
X S T E A X N G N V P U S B W
S I F R P A W I A K Y S Q M O
A R N T M D B H C L E A A U R
K E B X R U Z N I W U D Y R H
U D A Y T I A W A T A P A C S
D W B F A R E L S I E I P G J
M A B N F E E R È P M O C I M
P R I Y E L R O M L A E T T L
Y D T U S A O U C E R T O N V
M E T N T N X W S B F K L R T
N L L A A D E D O R L E V A R
D G O I I H G I P S E R V Y K
D A E R R D T T I C Y L M M A
Y R L B Z É P P U S T E B C C
```

ADAM	GADE	RILEY
ARNE	GALUPPI	RODE
BABBITT	HUSA	RORE
BAX	IRELAND	SIR EDWARD ELGAR
BRIAN	KERLE	SUPPÉ
BYRD	LAWES	TUBIN
CERTON	LEO	TYE
COMPÈRE	MORLEY	WAXMAN
CRUMB	PER	WERT
DUKAS	RAMEAU	WHITE
EISLER	RAVEL	WOLFF
FESTA	READ	YUN
FRANCK	RESPIGHI	ZIANI

5	6	14	2	2	17	13		26	14	13	11	17
13		26		25		17		12		12		10
14	15	3	17	21		26	12	21	18	7	13	17
21		25		16		14		15		1		1
26	13	17	8	25	22	15	24	7	17	17	19	17
		11		21		22		23				22
15	6	17	25	1	3		5	17	17	20	6	17
12				15		1		13		7		
2	15	4	26	3	12	6	12	1	25	26	14	6
13		25		17		25		12		16		14
14	9	16	9	14	13	8		12	9	6	17	22
21		17		13		17		8		17		22
12	14	15	25	15		13	17	15	17	13	11	17

1	2	3	4	5	6	7	8	9	10	11	12 O	13
14	15	16	17	18	19	20	21	22 T	23	24	25	26 C

	1		7			2		9
				2				
7					9		1	6
				7			9	
5	6	7				4	3	2
	2			5				
3	8		6					7
				3				
4		6			7		5	

Crossword

Across

2. Deep sound (4)
4. Snake oil (7)
5. Doggy (6)
7. Smack (4)
8. Look after (4)
9. Cormorant (4)
11. Smooth (4)
14. Metal container (3,3)
15. Genuine (7)
16. Doom (4)

Down

1. Crevasse (6)
2. Employer (4)
3. Nordic tale (4)
4. Public square (5)
6. Make effort (5)
9. Underwater (6)
10. Quickly (5)
12. Old Italian currency (4)
13. Lacking honour (4)

Word grid

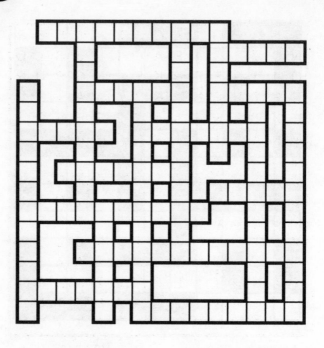

5 letter words
DAGON
EVICT
REINS
TOPIC

6 letter words
ANIMUS
B-MOVIE

7 letter words
COEQUAL
PO-FACED
RETOUCH
SECRECY

9 letter word
STICKLERS

10 letter words
ENCHANTING
FISH-KNIVES
SHIBBOLETH

12 letter words
AUDIOMETRICS
DISASSOCIATE
INDISPUTABLE
SPEED CAMERAS
VAPOUR TRAILS
VOTE OF THANKS

```
I F D R O N E O W X K W K F B
N O M E G A F A E I E J S L O
O J J S E E R K S C N O P U R
R E T R E U R R J A A A I K U
E X T K R T A A R E R H R O S
M K A S T R I A N D A O I S A
I U S O X A M L R O T I D E I
H T T V R A O T U M G X O R I
C Z B T M L S S G A M M N T B
M O P U K U C H I P U I P L E
K O T E M H S J I R M E L O A
G H L I U C O T O O A A A T S
I A N H T L E G N L Z N N O T
D A R V E Y J O R A H F T X Q
Z A P M M B I O R I V T I L O
```

ACE	GARM	NIMON
ANIMUS	GELTH	OGRI
AXOS	HOIX	OMEGA
BEAST	KASTRIAN	OOD
BOK	KRAAL	OPTRA
BORUSA	LAZAR	OSIRAN
CHIMERON	LUKOSER	RANI
CHIP	MAGS	SEER
CHULA	MARA	SPIRIDON PLANT
DALEK	MUTE	TARAN
DARVEY	MUTHI	TLOTOXL
DRONE	MUTO	TREE
EDITOR	MUTT	YETI

6	12	24	17	14	22		12	24	22	9	3	12
12		13		7		24		22		18		18
18	22	25	13	8	24	13		9	18	8	20	3
22		12		15		25		3		18		22
21	17	7	13	15		13	7	12	26	22	15	21
12				16		7				21		23
	4	24	11	13	7	14	3	10	17	22	1	
22		13				18		17				22
6	17	4	4	22	24	8		13	1	24	12	18
5		21		23		8		15		8		14
17	6	8	22	21		20	22	2	12	19	22	11
18		4		12		3		12		24		24
12	4	4	12	15	21		12	7	23	11	20	12

1	2 K	3	4	5	6	7 N	8	9	10	11	12	13
14	15	16	17 U	18	19	20	21	22	23	24	25	26

Crossword

Across

5. Evaluate (4)

6. Ventilation shaft (6)

7. Take a small bite (6)

8. Muscular paralysis (5)

10. Even (5)

14. Argent (6)

15. Ill will (6)

16. Inheritor (4)

Down

1. Potato flour (6)

2. Artist's prop (5)

3. Royal male (6)

4. Promise (4)

9. Putrefacted (6)

11. Nauseating thing (6)

12. Small island (5)

13. Dingy (4)

				9		6		7
9	7				5			8
	4		1					9
		2		6				
	3						8	
				5		9		
6					9		5	
7			8				9	3
1		8		3				

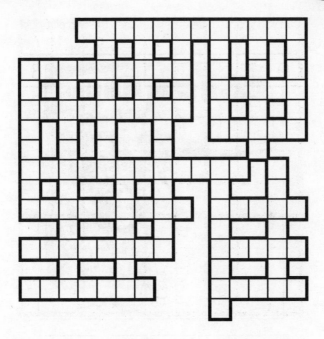

5 letter words

DOTTY

INDIE

MONEY

MUDDY

OMEGA

SMOTE

UPEND

6 letter words

ENZYME

THYMUS

7 letter words

OPEN-TOP

ORBITAL

PITFALL

UNDYING

8 letter words

APERTURE

HOME IN ON

POSSIBLY

REACTIVE

ROOMETTE

9 letter words

PERMANENT

SAINT'S DAY

YTTERBIUM

12 letter words

BIOGEOGRAPHY

GROUND STROKE

RAINBOW TROUT

Can you spot 10 differences between the two pictures?

```
D I S N A C B F Y W I E L P B
A O I C I Z A W W K G H Q A O
E D R C L T N E I L C C S W J
H Q E S S A Y C N E T A L S T
D A T A B A S E N T T P T R X
F X N H W Y N S T H I A A S U
T O I O R K D D P E B C E B T
R B R N E E L L D R K M M P I
A D P E U C A J N N F R I S L
L O S E G I H D H E H C T J I
U N U S R R X T P T O Z K C T
D Q P E W E O I M N T K E O Y
O I S U P P X U V L C P E B S
M W V D U E B V N M O R S O E
X F C U L K E X L D I D I L B
```

ANSI	HEAD	ROM
APACHE	HTML	SEEK TIME
ASCII	HTTP	SERIAL
BIT	ICON	SQL
BPS	JOB	STACK
BSD	LATENCY	THREAD
CLASS	MIPS	TRACK
CLIENT	MODULAR	UNIX
COBOL	NNTP	URL
DATABASE	OS	UTILITY
DNS	PIXEL	VDU
ETHERNET	PRINTER	WAP
FOREGROUND	QUEUE	WORD

Word search

```
A B D N A L E C I Y N I A B D
S U I Y R R H O O A E D Q M M
U O S Y R I A G P N A M O V P
E K I T L X O A K G G P E R U
A E I E R T J U A U Q O X N Y
U N G T M A L I L I W Z C A E
V Y I B A W L A L N S A C B K
N A N H U L O I Q E N I I W R
O B Y A C S Y H A A A R N T U
Z D E N M A R K R M W E M U T
C Q A R I R D N A L I A H T T
U E M N O M E J T I A G N O T
B R D U O M A G A B T D A H C
A I B R E S A U Q Y A W R O N
A U S T R I A N G A H A I T I
```

AUSTRALIA	INDIA	PERU
AUSTRIA	IRAN	QATAR
CHAD	IRAQ	SERBIA
CHILE	ITALY	SYRIA
CHINA	JAMAICA	TAIWAN
CONGO	JAPAN	THAILAND
CUBA	KENYA	TOGO
DENMARK	KUWAIT	TONGA
GERMANY	LAOS	TUNISIA
GUAM	LIBYA	TURKEY
GUINEA	MALI	USA
HAITI	NORWAY	YEMEN
ICELAND	OMAN	ZAIRE

Across

5. Eternal (7)

8. Female hosiery (3)

9. Chimney urchin (5)

10. Oversized (5)

11. At this time (3)

12. Point (3)

13. Heated ring (3)

15. Black (5)

17. Helper (5)

18. Beer (3)

19. Row of houses (7)

Down

1. Swamped (6)

2. Wish ill (6)

3. Competent (4)

4. Cut down (4)

6. Useful (9)

7. Quick ride (6,3)

13. Exclamation of cheer (6)

14. Hairdresser (6)

15. Cinder (4)

16. Short tone (4)

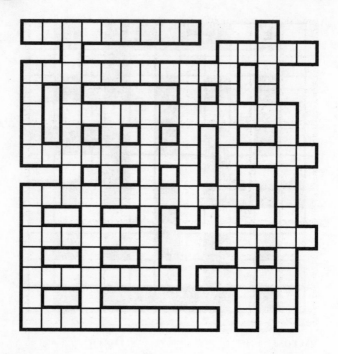

5 letter words

DIARY

FRANC

ICILY

NISEI

POLKA

PRIZE

PROUD

UNDUE

7 letter words

DRUNKEN

KINSMAN

WIDOWER

8 letter words

KILOWATT

WHOMEVER

9 letter words

ARROGANCE

CORKSCREW

ELECTORAL

HUE AND CRY

10 letter words

PRONOUNCED

ROUNDTRIPS

11 letter words

FREETHINKER

THUNDERHEAD

12 letter words

TEN-GALLON HAT

WALKING STICK

	5	6	2					
	4	7		9			8	
	8		4		5			
		1			3		4	
8		3				7		5
	9		7			2		
			3		9		5	
	3			5		6	2	
					2	4	1	

Maze

Crossword

Across

5. In person (4,2,4)

7. Amore (4)

8. Tanning device (6)

9. Macho types (2-3)

10. Side (5)

13. Crew's bow housing (6)

15. Course (4)

16. Pavement compactor (4,6)

Down

1. Wipe out (6)

2. Demanding (5)

3. Acquire through action (4)

4. Slow down (10)

6. Honest (10)

11. In a high-spirited manner (6)

12. Literary category (5)

14. Exchange (4)

							3	4
4				3			8	
		3			7	9		
1			7			5		
			9		5			
		2			4			1
		7	3			2		
	1			6				9
3	4							

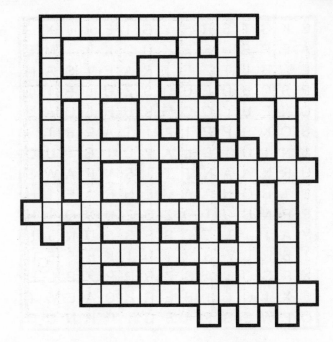

5 letter words
DISCO
HYENA
TRADE

6 letter words
ATOMIC
COMPLY
ORATOR

7 letter words
RECOUNT
STEPSON

9 letter words
BODY BLOWS
PAROCHIAL
TAXATIONS

11 letter words
MICROSCOPIC
PERCENTAGES
PREDECESSOR

12 letter words
CLUB SANDWICH
DUE DILIGENCE
HYDROGEN BOMB
MERCHANT NAVY

Word search

```
S K G T S R H Y G I E A J X G
A E P E U F E K U D K P I M E
E W B L T Z E T R A P I S A N
R S O L U E U D S Z U L F I I
O N E U L O C M K U H L U A U
B O K S P P I A I T A P R T S
S N I D T E L A Y U I E I U O
U R N A A N T T I S N R A W S
S T H Q N A A M E N R A E I U
P P N U U T O Z D Z U N Q I H
Y A I I L E C S E S S U N J L
I B R L W S R I U I K H S E U
X R G O V A S Z R R P X B L H
J X I O L I B E R H O A E W T
O F W S S F A E G I R H N U C
```

AEGIR	FURIAE	MAIA
AMEN-RA	GENIUS	NIKE
ANU	HEL	NQA
APIS	HORUS	PAN
AQUILO	HYGIEA	PENATES
AUSTER	INUUS	PLUTO
BEL	IRIS	PLUTUS
BOREAS	LAR	PTAH
COATLICUE	LIBER	SEB
CTHULHU	LIPS	SOL
EOS	LUA	TELLUS
ERIS	LUNA	TUI
FLORA	MAAT	UPIS

6	21	11	19		8	4	14	23	13	2	14	11
21		17		17		17		7		13		17
25	24	18	1	5	17	26		14	23	9	21	6
2		6		25				12		14		14
21	8	7	3	14	10	11	14	8	10	21	1	
7				23		17		10		22		15
21	22	14		6	21	11	22	17		14	2	24
9		4		9		14		14				14
	9	13	16	14	18	8	21	24	8	21	22	14
17		22		8				16		20		11
16	13	18	24	8		4	14	18	6	24	18	5
21		21		17		21		14		18		14
9	24	2	13	11	21	18	1		8	14	18	14

1	2	3	4	5 B	6	7	8	9	10	11	12	13
14	15	16 V	17	18	19	20	21	22	23	24 U	25	26

Sudoku

			6		3	9		
8				2		1		
3					4	8		
6		5		3				
7								4
				7		6		1
		9	3					6
		6		9				8
		2	7		1			

Crossword

Across

1. Tragic tale (3,5)

5. Discussion (6)

7. Imperative (4)

8. Strong wind (4)

9. Territory (6)

10. Send elsewhere (6)

12. Blacken (4)

13. Agreement (4)

14. In the same place (6)

15. Fetch (8)

Down

1. Room warmer (5,6)

2. Impoverish (5)

3. Chrono-vehicle (4,7)

4. Send to the country (9)

6. Wipe out (9)

11. Triple (5)

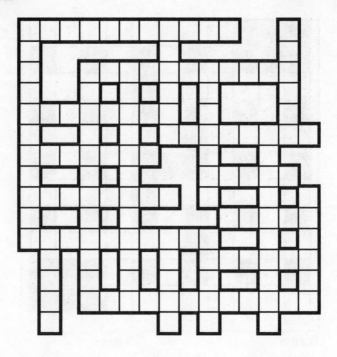

5 letter words
DITTO
INLET
OUTDO
ROPEY
YAHOO
6 letter words
ALMOND
FESTAL

HOODED
MARTYR
7 letter words
LIAISON
RUN RIOT
8 letter words
ANAPAEST
RAINFALL
STULTIFY

10 letter words
ADDITIONAL
DISORDERLY
11 letter words
FOOL'S ERRAND
FURTHERMOST
SUPERFLUOUS
12 letter words
HENCEFORWARD
PHILODENDRON
SELF-REPROACH

```
G R I P W F G R X O L U R S H
F X I N R F I E J B A Q S E F
W P B B E O R V O U C A Z S A
S T A I N K P I X M R M U N N
O Q R L E E R L L B E I F A G
Y J D L Y L L O D L E G Z G Z
K R E S N G B S O E V G U S B
D S L I D N Y Y R K Y S B B A
A Q L K F I C Y R E T X I Y R
R U J E E J N X W E M M I C K
N I F S A N A I R R E O G M I
E L J L E R N L U Q C H B O S
Y P U J I K Y D G T E K C U B
F I P S L T G Y E B M O D L D
Q H E E P E E G O O R C S D B
```

BARDELL	FIPS	NANCY
BARKIS	FLITE	OLIVER
BILL SIKES	GRIP	OMER
BRASS	GUSTER	PIP
BUCKET	HEEP	PRIG
BUD	JENNY	QUILP
BUMBLE	JINGLE	RUDGE
BUZFUZ	JO	SCROOGE
CHEERYBLE	JUPE	SLEARY
DARNEY	KROOK	SNAGSBY
DOLLY	LA CREEVY	WEMMICK
DOMBEY	MIGGS	WINKLE
FANG	MOULD	WREN

4	10	21	6	15	10	2		15	6	12	17	7
17		17		26		6		1		26		3
16	26	14	21	18	10	22	7	10		14	26	16
10				1		7		23		11		19
14	7	21	21	26		6	19	10	1	26	19	10
		26		6		4				2		10
9	16	1	6	20	25	21	18	6	21	24	10	20
7		15				1		20		10		
20	10	17	2	17	25	14		5	10	1	26	2
1		20		21		9		6				7
17	16	19		21	17	19	10	4	26	8	7	1
17		26		7		26		10		26		6
5	6	13	10	1		2	6	2	14	16	26	4

1	2 L	3	4	5	6	7	8	9	10	11	12 J	13
14 Y	15	16	17	18	19	20	21	22	23	24	25	26

Crossword

Across

2. Plans (7)

6. Similar to human (7)

7. Territorial diagram (3)

8. A little over a yard (5)

10. Fastener (5)

12. Accepted practice (5)

15. Steep (5)

17. Dry grass (3)

18. Near the kidneys (7)

19. Descriptive phrase (7)

Down

1. Coat in metal (5)

3. Japanese cartoon (5)

4. Pre-adults (5)

5. Trap (5)

9. Oil platform (3)

11. Pigeon noise (3)

13. Shovel (5)

14. Perform (5)

15. Outburst (5)

16. Darkened (5)

2						4		
	3			5		8	7	2
		4					1	
		2		1			9	8
		1	3		9	2		
7	6			2		5		
	9					7		
1	2	7		3			8	
		8						3

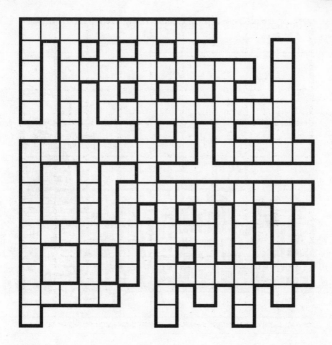

5 letter words

BERYL

DADDY

FUSTY

NOBLE

REHAB

TERMS

6 letter words

RAFFIA

UNYOKE

WIDELY

7 letter words

ECONOMY

FINE ART

LOBELIA

TRELLIS

8 letter words

ALKALOID

MACKEREL

9 letter words

PLENITUDE

SPINDLING

STAMP DUTY

10 letter words

BARGEBOARD

DEFAULTERS

DEPENDENCY

FELTTIPPEN

SPIROCHETE

Spot the difference

Can you spot 10 differences between the two pictures?

Word search

```
Z P T W R S E O G H U S K Y I
X M O E B L H C O C K E R E F
G H X I O E C D D O M O P K J
C O T H L U A N E O T I K E S
B C D G C T R U Y P P U P P X
H W A I Y Y E O P M D C T C N
H E H K P L E H W Y O Y G G U
B L E I N A P S K L O F R O N
A E B S P R L G L J B E E R D
N K T E K P I I U I I N A U U
D M I E A I E A S P R I T C M
O I M A B R M T C G D N D R B
G B N Y L R D O R Q D A A G E
R A N G E R A I G R O C N U R
Q V X D O T G B E R G Y E R V
```

BANDOG	CUR	PI-DOG
BARBET	DHOLE	POM
BEAGLE	DINGO	POOCH
BEARDIE	DUMBER	PUG
BIRD-DOG	ESKIMO	PUPPY
BITCH	GREAT DANE	PYE-DOG
BOXER	HOUND	RACH
CAIRN	HUSKY	RANGER
CANINE	LAIKA	RUG
CHOW	LYM	TIKE
COCKER	NORFOLK SPANIEL	TYKE
COLLIE	NUNX	WHELP
CORGI	PEKE	WHIPPET

Sudoku

6			8	7	2			
	2	3	4				7	8
9							4	
5	6						8	1
	4							5
3	5				6	7	1	
			9	5	4			2

Crossword

Across

1. Slaughter (7)
4. Donkey (3)
6. Flexible willow switch (5)
7. Brief spat (3-2)
8. Conceit (3)
9. Mark (5)
12. Condition (5)
13. Throw (3)
15. Raw cider (5)
17. Tropical American fruit (5)
18. Metal container (3)
19. Sincere (7)

Down

1. Duplicate (5)
2. Disastrous (7)
3. Flight industry (9)
4. Back (3)
5. Fly down (5)
7. Eater of the dead (9)
10. Hand-shaped (7)
11. Blood pump (5)
14. Brag (5)
16. Joke (3)

Word grid

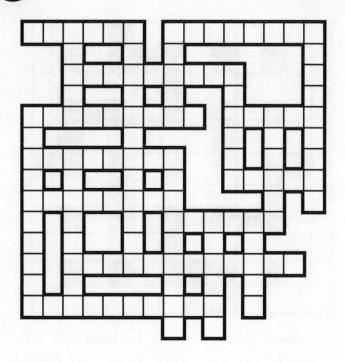

5 letter words
ARSON
AWARD
OCHRE
POKER
THETA

6 letter words
ELANDS
EXEMPT
EXOCET

HONEST
SEA DOG

8 letter words
ASBESTOS
BAR CODES
INVEIGLE
REVIEWER

9 letter words
ARABESQUE

STONE-DEAD
SWEETENER
UNDERLINE

10 letter words
GIRLFRIEND
UNBLINKING

12 letter words
GOBBLEDEGOOK
WALKIE-TALKIE

	4		9					
7	5			1				8
3		8	4					9
	9			3	7			
4								6
			8	5			3	
5					2	4		3
2				9			1	5
					1		7	

Word search

```
S P I R I T X I F C A T T T X
Y E N V R H R N L T U B E E R
S Y V E S I D A I S L U L Q G
Z W D A S J R E P P H S M V H
D I M H R E G Q A P A H I I F
C S T B T G O N V A K E G N A
L U A A C E P E A N A R U O W
J S E E C H Y I K H C R X R C
S T Y T S S A U E C C Y J D B
Y A A T H O U B O S A U Z I C
A V R E R C R M K L L S T N M
K A U S U K S A E E W T A A A
O C M I B Q F R P Y E I J I C
T E N N O B U D I R Z B N R O
R A T A F I A G S K C S D E N
```

ALE	FLIP	ROSE
ANISETTE	GIMLET	RUM
BASS	GRAVES	RYE
BEER	IRISH	SACK
BITTERS	JULEP	SCHNAPPS
CAVA	KAHLUA	SHERRY
CHA	KAVA	SHRUB
CIDER	KIRSCH	SMASH
CLARET	MACON	SPIRIT
CRU	MUSCAT	TEA
DRAMBUIE	NOG	TOKAY
DUBONNET	PEKOE	VIN ORDINAIRE
FIX	RATAFIA	WINE

Across

1. Gypsy flower (7)

5. Turf (3)

7. Phase (5)

8. Trace (5)

9. Musical text (7)

11. Sunbathe (3)

12. Frequently (3)

14. Crack (7)

16. Prepare for (5)

17. Style (5)

19. Barrel (3)

20. Attendants (7)

Down

1. Belongs to man (3)

2. Repeated (5)

3. Flat-bladed garden tool (3)

4. Cheerfully rosy (7)

5. Young pig (5)

6. Imprisonment (7)

9. Refrigerant (7)

10. Self-denying (7)

13. Linked parts (5)

15. Angry (5)

17. Bestial hair (3)

18. Grain (3)

Sudoku

	3		7		9			6
				1				7
			5					
3		1	6					
		7	2		3			9
	2							
					5			
	7			8		4		2
2		5	9				1	

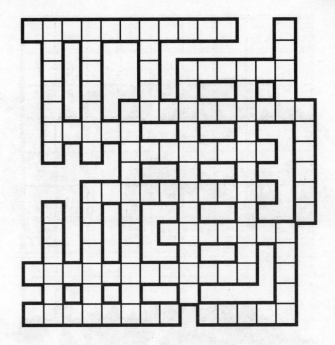

5 letter words

AMATI

GROSS

PLEAT

VENUS

VOUCH

6 letter words

ELDEST

MISCUE

WEIRDO

7 letter words

ELATIVE

GRISTLE

KNOWING

RANCOUR

8 letter words

FOIE GRAS

ORIENTAL

10 letter words

GREEK SALAD

WINTERMUTE

11 letter words

COMPARATIVE

NEUROMANCER

WHOLE NUMBER

12 letter words

MOTHERS-IN-LAW

PROTUBERANCE

Spot the difference

Can you spot 10 differences between the two pictures?

```
L O O H C S Y A D M Y D A E H
F X K P Z L D E O C C D S S C
T S O V O R P G P O E L U S S
A T S P E E C H D A Y L S T M
E B E A D L E S E C L W L R S
C G J R A A E G A H A G E A U
O R C S M N A S N T O R C S H
V M S S I M M C T W X A G R H
A A E L E S S O N U D I P U O
V S X S T I N U C E D H Q B N
I T A M R O F T M K G E J E O
V E M H I X T Y U C S C N R U
Q R P U P I L E L G R A N T R
N O D Q O W P H S P N I Z S S
E L J Z S P R O C T O R B E H
```

ACADEMY	GAMES	POLY
BEADLE	GCSE	PROCTOR
BURSAR	GOWN	PROVOST
CLASS	GRANT	PUPIL
COACH	HALL	SCOUT
CO-ED	HEAD	SPEECH DAY
CRIB	HONOURS	STUDENT
DAY SCHOOL	LESSON	STUDY
DEAN	LINES	SWAT
DIGS	MASTER	TERM
DON	MOCKS	TEST
EXAM	MSC	TRIPOS
FORM	PGCE	VIVA VOCE

Word search

```
T U N G S T E N M U I M S O B
Y P E C Z K P L U R D M C D R
Q N P M U I D N I H L U O S S
Z M T U C R N J R O O N B O I
B E U I A M I C A D G I A D L
Y R N D R N U U B I P M L I V
N C I I B Q O I M U L U T U E
O U U R O C D D T M U L J M R
M R M I N N K T A N T A L U M
I Y T E I R L O F R O L E A D
T I O C Y B X E J X N R V O W
N N K P O Y I E M U I R T T Y
A E T R G U R A N I U M B S I
L O O E H P O B R O M I N E F
N N N H A F N I U M N O G R A
```

ALUMINUM	IRIDIUM	RADON
ANTIMONY	IRON	RHODIUM
ARGON	KRYPTON	SILVER
BARIUM	LEAD	SODIUM
BORON	MERCURY	STRONTIUM
BROMINE	NEON	TANTALUM
CARBON	NEPTUNIUM	TIN
COBALT	NICKEL	TUNGSTEN
CURIUM	OSMIUM	URANIUM
GOLD	OXYGEN	XENON
HAFNIUM	PLUTONIUM	YTTRIUM
INDIUM	RADIUM	ZINC

Across

6. Sadness (6)

7. Hot rock (4)

8. Avoid (5)

9. Transgression (5)

10. Spread about (9)

12. Sour (5)

13. Receipts (5)

16. Junk marketing (4)

17. Mexican wrap (6)

Down

1. Not new (4)

2. Stood (4)

3. Midlands town (8)

4. Local (6)

5. Of sound mind (4)

9. Game piece (8)

11. Of the wrist (6)

12. Iffy (2-2)

14. Between ribs and hips (4)

15. Deer (4)

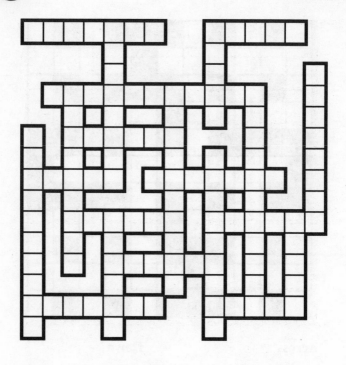

5 letter words

ADEPT

CREPT

TACIT

WIDTH

WOOER

6 letter words

ALUMNA

BICARB

CHALKY

FOUGHT

POPLAR

7 letter words

DEADPAN

HEATING

OILSKIN

8 letter words

BIN LINER

PLAYSUIT

9 letter words

OFFICE BOY

STOPWATCH

10 letter words

COTTONWOOD

LETTER BOMB

11 letter words

BODY POLITIC

CUT-AND-PASTE

		1					6	
6				1				8
				4	9	1		3
	5	8			6			
9			3		7			2
			8			5	4	
8		3	2	6				
7				8				4
	2					3		

```
E Y G C P A I G T E T I Y J W
S D E G N I H U I L N Y B O Z
O G A H G T N U E X P E R U W
H T R A M R C B B A L K C O T
Y E M E N E G H C R A S H H D
H L D N O N G R J B N T L O V
K E E A I I P W L E T L W A P
I C D V X O B E R I F D W E G
Y T I N K I N G T A B L E M Q
S R L I F T A F I R E P L U G
D O S A I U L I X T E U L Y X
Y D C N G H L T V D T E G U B
E E G E V F O W A S S D L I C
N O Z Z L E Y L O C K W E I R
T S Y P F F R E D L O H S A G
```

ACE	HINGED	PEDAL
ALLOY	HOSE	PLANT
ARCH	HUB	REEL
AXLE	INERTIA	RIG
DRIVING BELT	INGOT	SLAG
ELECTRODE	INKING TABLE	SLIDE
ERG	ION	STULM
FIREBOX	KEY	TIE
FIREPLUG	LIFT	TRAM
FIT	LOCK WEIR	UHF
GAS HOLDER	NOZZLE	VANE
GAUGE	NUT	VOLT
GEAR	PAWL	WORKABLE

Crossword

Across

6. Bodily structures (9)

7. A decade (3)

8. Small bird (3)

9. Possesses (3)

11. Water tank (7)

13. Two thousand pounds (3)

14. Public conveyance (3)

16. Possessive female (3)

17. Bond commission (9)

Down

1. Holy garb (8)

2. Tale (4)

3. Fish food (4)

4. Calm (6)

5. Moss (6)

10. Sun room (8)

11. Andean vulture (6)

12. Smaller grouping (6)

15. Neuter (4)

16. Follow closely (4)

	3	6	1			5		
9								
1			3		5		8	
	5		8					
6			5	2	3			7
					6		9	
	9		4		8			2
								8
		3			2	1	4	

Word grid

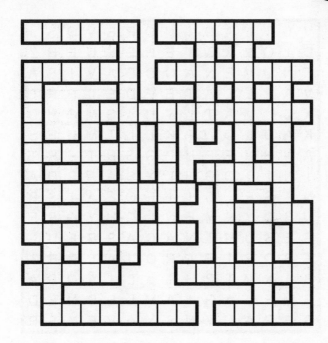

5 letter words

GEESE

IMPLY

NERVE

SPASM

TIDAL

6 letter words

EGGNOG

EXPEND

EYEFUL

LINE UP

POINTS

RECORD

THIRST

WAR CRY

7 letter words

FIG LEAF

SLASHER

8 letter words

BECOMING

NEEDLESS

REMASTER

YIELDING

9 letter words

CANADIANS

HEADLIGHT

PILASTERS

TROOPSHIP

12 letter words

CROSSDRESSER

PATRON SAINTS

```
V L I L A C I N O R E V Q S J
D I O V X W T E H E S U E H Z
E N O M E N A O D D A V I E A
V A E L L A T E P D E L P P L
X C L M A T L Y H A S M O H D
K A D L O W P K L L T M U E S
A N H N E P U P O S R T E R T
I N I I O G H L X B A W R D A
N A S P I C I I E O E A I S P
O S O X E Y E N L C H Y G P E
G E S U H T N A C A S B E U L
E S O R I E W R Q J A L R R I
B A X M T R H I J L I A O S A
Z M F L A G I A M L E D N E D
S E P A L Y N S Y A V E N S P
```

ACANTHUS	HEART'S-EASE	PINK
ALOE	HOTTONIA	POPPY
ANEMONE	IRIS	ROSE
ARUM	JACOB'S LADDER	SEPAL
ASPIC	LILAC	SESAME
AVENS	LILY	SHEPHERD'S PURSE
BALM	LINARIA	STAPELIA
BEGONIA	MAY	TWAYBLADE
BENNET	NEMOPHILA	VERONICA
CANNA	NIGELLA	VIOLA
EDELWEISS	OX-EYE	WEED
ERIGERON	PETAL	WHIN
FLAG	PHLOX	WOLD

4	8	15	17	■	3	19	17	16	16	2	8	9
24	■	22	■	24	■	17	■	9	■	22	■	6
10	24	11	13	18	24	25	■	4	17	18	24	19
8	■	8	■	12	■	18	■	24	■	18	■	2
19	22	7	1	17	■	19	8	11	13	22	5	■
22	■	■	■	1	■	2	■	■	16	■	22	
11	21	22	5	7	23	■	14	9	24	21	8	6
24	■	11	■	■	17	■	5	■	■	■	5	
■	12	17	1	7	17	20	■	26	24	7	16	8
24	■	3	■	8	■	21	■	9	■	1	■	4
6	1	8	25	5	■	24	15	1	22	8	1	22
17	■	24	■	6	■	19	■	19	■	9	■	5
16	22	7	9	24	7	17	18	■	16	7	24	2

1	2	3	4	5	6	7 T	8	9	10	11	12 V	13
14	15	16	17	18 D	19	20	21	22	23	24	25	26

Sudoku

6	4						1	
		8		7				
1					5	2		
		2	3			7		
5			4		6			3
		1			7	6		
		6	5					2
				8		1		
	5						8	6

Crossword

Across

7. Porous pottery (11)

8. Bread heater (7)

10. Setting (5)

12. Precise (5)

13. Breather (7)

17. Supervise play (5-6)

Down

1. Small amphibian (4)

2. Feared (7)

3. Receipt (4)

4. False (6)

5. Beam (3)

6. Load (6)

9. Highest possible (7)

10. Break (6)

11. Job (6)

14. Wooden strip (4)

15. Pitcher (4)

16. Holds jam (3)

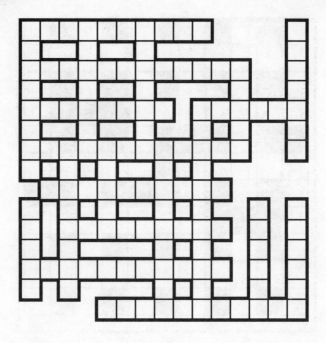

5 letter words	HALCYON
MUNCH	MILITIA
PAINT	**8 letter words**
TRIPE	CONFINED
6 letter words	MISTAKEN
AIRIER	POSTMARK
FRISKY	**9 letter words**
RUNDLE	INTERPRET
7 letter words	UNPOPULAR
AUGMENT	

10 letter words
PROMENADES
SNAIL'S PACE
11 letter words
CHEESECLOTH
FLAT-CHESTED
THIRD DEGREE
12 letter words
RECAPITULATE
SELLING POINT

Word search

```
K S T E W N C G E C I U J C L
D E G E O N M U J P S L U T I
I G B N M C A H P A C R P U I
S C G A N I H E L F R L F C K
H I X O B T L A S Y U S L K Q
M E V O L C D G R G B L A E V
V E H G I B P O K M B A N R U
N M U F A F F B E K I V K Y A
U R V R D R A L U K N I S E I
M A I N E R T E E A G A B Y R
F S O A P S G T G R B N S P G
T E A C L C U V G L R L B U N
K M U G O C O F E N U A E B A
C W A I E A E R N I S M G M S
J T U M A R T I N I H J Z A Y
```

BAKER	FLANK	OVEN
BEAUNE	GOBLET	PLUG
BUN	HAM	SABLE
CAN	INFUSER	SAGE
CHAR	JUICE	SALAD BAR
CLOVE	KEBAB	SALT BOX
COAT	LARD	SANGRIA
CORN	LIME	SCRUBBING BRUSH
CUPFUL	MARTINI	SINK
CURRY	MELBA	SOAP
DISH	MELTS	STEW
ECLAIR	MIGNON	TUCKER
EGGS	MUG	VEAL

Across

5. Challenge (4)

6. Lackey (6)

7. Make smaller (8)

9. Folio (4)

10. Kill (4)

13. Directional control (8)

14. Desert (6)

15. Enthusiastic ardour (4)

Down

1. Spit (6)

2. Change scale (6)

3. Leg joint (4)

4. Caffeinated beverage (4)

8. Instil (5)

10. Yell (6)

11. Strengthen (6)

12. Mop (4)

13. Practise fighting (4)

Sudoku

	4				5	9		
5			3			8	2	4
			6		8			3
7			8			4	3	
			4		6			
	8	1			3			5
1			5		7			
6	5	9			4			8
		4	9				5	

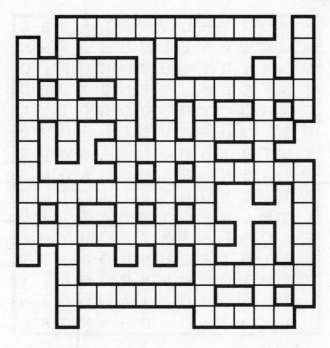

5 letter words

OTTER

PRUNE

RUBLE

STEER

6 letter words

ABACUS

AUTUMN

GASKET

SOLEMN

WASABI

7 letter words

ACROBAT

MANLIKE

STAPLER

TIMPANI

8 letter words

AUTOBAHN

INUNDATE

10 letter words

DEATHWATCH

SANDALWOOD

11 letter words

CHRONOGRAPH

MASS-PRODUCE

STONE'S THROW

12 letter words

SATISFACTORY

UPRIGHT PIANO

Word search

```
R Y O R K H C I W R O N S B S
A M E W B N L L U H S W F R N
M D A Y R Y O U G M R O F L O
S S F C E Y V I T U E T O B D
R R B O C Y R U B O G C T Y L
O E T M H A A V S L N B O R O
K G T B I B M O L I A O W L S
M I A E N L E S L C R A O U S
W T I L X U K T U L I C T N J
C C R E W E O Y G Y A T I A D
E F O R E S T X T B O B Y H E
L S T N I A S H N N O S I T T
T W H T U O M E N R U O B I I
I C D V D R O F T A W O O A N
C L Y D E A O L D H A M C R U
```

ALBION	EXETER	RANGERS
ALLOA	FOREST	REDS
BLUES	GULLS	ROBINS
BORO	HULL	SAINTS
BOURNEMOUTH	JAYS	STOKE
BRECHIN	LINCOLN	SUTTON
BURY	LUTON	TIGERS
CELTIC	MACCAMS	TOFFS
CITY	NORWICH	TOWN
CLYDE	OLDHAM	UNITED
COUNTY	OWLS	WATFORD
CREWE	RAITH	WYCOMBE
DONS	RAMS	YORK

Spot the difference

Can you spot 10 differences between the two pictures?

Word search

```
H X G I E K C E O G E N T G A
M C B T O R A N G E F O B W U
C R A B A P P L E A O L I V E
O D R E N N E T F I G L T X L
X K B T P I G N U T Q E T Q K
D H A P R Z A E W E P R E U N
W E D K S U A A L P A O R E U
H P O P I A H P A O P M A E T
O Y S K E G R W O X I R L N K
R D C E P C P R J T N G M I Z
T U H G M A A I X O E R O N R
W R E R W I Z N T M G O N G H
J I R I P A L T T R B U D G K
V A R O I V R U S S E T U B K
J N Y T H U N G C O L M A R S
```

ARNOT	GROUT	PECAN
BARBADOS CHERRY	HAW	PIGNUT
BITTER ALMOND	HEP	QUEENING
COLMAR	HIP	RASP
COX	KAKI	RENNET
CRAB-APPLE	LIME	RUSSET
DATE	MORELLO	SKEG
DURIAN	NUTMEG	TANGELO
EGRIOT	OGEN	UGH
ELK NUT	OLIVE	UVA
FIG	ORANGE	WHORT
GAGE	PAWPAW	WHURT
GENIPAP	PEACH	ZAPOTE

Across

1. One thousand (5)

4. Hide (5)

6. Troublesome weed (4)

7. Urgent demand (6)

9. Passionate (6)

10. Nun (6)

12. Make filthy (6)

15. Distant (4)

16. Make amends (5)

17. Cut (5)

Down

2. Move around (9)

3. Younger female relative (5)

4. Litigate (3)

5. Yes (3)

7. Thin plain weave (7)

8. Seperate out (9)

11. Decrepit horse (5)

13. Away (3)

14. Shelter (3)

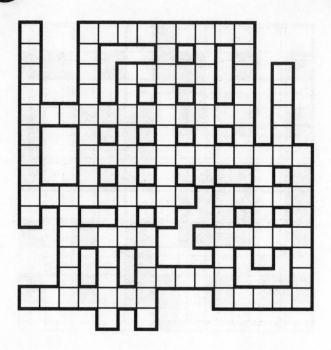

5 letter words

CHAIN

NOISE

NONCE

QURAN

RAVEN

ROVER

TOP-UP

VOILA

6 letter words

AMOEBA

TEMPER

TIRING

YIPPEE

7 letter words

ANGELIC

TETANUS

8 letter words

EXPIATOR

ORNAMENT

9 letter words

COVALENCE

MATERNITY

WHALEBOAT

WHOLESALE

10 letter words

DINNERTIME

EMASCULATE

12 letter words

AULD LANG SYNE

EX-SERVICEMAN

		7	8		4			9
		8		6		7		4
6			5		3	1		
2		4		5				
			6		8			
				2		8		7
		3	2		6			1
4		2		8		3		
9			3		7	2		

Word search

```
H J C D C Y C L O P S I R O D
D T J S T A J E S A P Q N N J
P A E F I R D S U E H P R O Y
S R I S T D Q A E K I C E H Y
A U O A A Y T R P K N P B P S
T L S T N H I G Y H X M R O N
O I G A E S B U Z E N A R R T
A E A N G U S S W O H E M E Y
R H E R M E S Z R Y D N A L P
T T A L C E P A N S H A I L H
E E G A E H H I S O E D R E O
M L R O H C I N T A S X P B N
I G P Y M Y T A Y H T A N X B
S M E P A S D R X C I P J B U
S A L L A P Q U A F A I A G B
```

ARES	GAEA	NAIAD
ARGUS	GAIA	ORPHEUS
ARTEMIS	GE	PALLAS
ATHENE	GRACES	PEGASUS
BELLEROPHON	HARPY	PRIAM
CHAOS	HERMES	PROTEUS
CHARON	HESTIA	PSYCHE
CYCLOPS	HYDRA	SOL
DAPHNE	ICHOR	SPHINX
DORIS	IO	STYX
ELECTRA	JASON	TITAN
ERIS	LETHE	TYPHON
EROS	MAENAD	URANIA

Across

1. Boorish (5)
4. Shard (5)
7. Go over (7)
8. Besmirch (3)
9. Frighten (5)
11. Burn (4)
13. Affectionate (4)
14. Fashion (5)
16. Pretence (3)
17. Stuffed with (7)
19. Poetic lament (5)
20. Push out (5)

Down

1. Stroke (6)
2. Talent (3)
3. Kelp (7)
4. Enemy (3)
5. Risk statistician (7)
6. EC currency (4)
10. Pioneering believer (7)
11. Permanently fixed (7)
12. Ardent believer (6)
15. Crippled (4)
17. Young man (3)
18. Exclamation of distaste (3)

```
T T H E D G E H Y S S O P O A
C M C L C L A R Y B O R A G E
U A D A M C I L E S O R R E L
M R O V Z S A V A D N I B I H
I J O E E E I M M N M A S A K
N O W N V D L O O O G A T S Y
L R N D N I M P N M B A I S E
I A R E B T H Y M E I S L A C
T M E R U E E C P I B L X R U
N Z H U P G A A N I S E E G T
E Q T P A P R I K A X P E E T
M D U V E S S E R C I M N T E
R I O R L D A O W N T N N G L
O L S E S A M E U U E I A P R
T L Y B A L M J N B M S O H K
```

AGRIMONY	DILL	PAPRIKA
ANISE	ENDIVE	PARSLEY
BALM	GALANGAL	RUE
BASIL	GRASS	SAGE
BAY	HEDGE HYSSOP	SENNA
BENNET	JUNIPER	SESAME
BORAGE	LAVENDER	SIMPLE
CAMOMILE	LETTUCE	SORREL
CAPERS	LOVAGE	SOUTHERNWOOD
CHIVE	MACE	TANSY
CLARY	MARJORAM	THYME
CRESS	MINT	TORMENTIL
CUMIN	NUTMEG	WOAD

Word grid

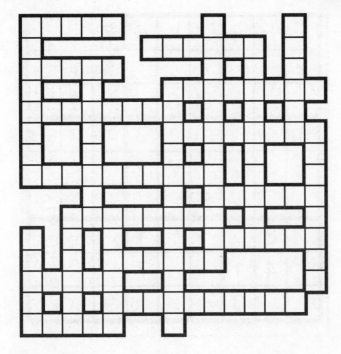

5 letter words

DREAD

GUILD

IMAGO

OUNCE

SADLY

6 letter words

CHILLI

DEARIE

INROAD

NONFAT

RAT-TAT

TOERAG

URBANE

8 letter words

ANNUALLY

COLOPHON

DISLOYAL

LUCKY DIP

PIPETTES

SNOWDROP

UNIVERSE

10 letter words

ACCOMPLICE

GRAVY TRAIN

PUSH BUTTON

12 letter words

ALLITERATION

TRANSCENDENT

Sudoku

		8			6	7		
2			7			5	1	
			9	8			6	
1					3			
			1	7	2			
			5					3
	8			5	1			
	4	1			7			2
		3	4			9		

```
B R S L I N U X C C N B T Y A
E O R S H G N W H G B V N R V
W U X I L H X E A E I T L E A
G T T P I N G M T N X M L C J
K E E M A I L F T I D P E I G
T R P H X G P E I E Z L E P V
X T O M A U R P A S G E M R B
T L D G J L H H P O P S N O L
G O L B A P O T O N D V P C A
F Y G C F J M G P P H U C A X
A W E G N P N R I Y G V N L M
Q D I B A S P Y O N Q Y W L N
S F S U A T I T V W F R I I T
P Q A L I Y R Y Y M T B K N G
L Z K Q C J R K C E P G I K M
```

ADSL	INTERLACED	RECIPROCAL LINK
AJAX	ISP	ROUTER
ASP	JAVA	SPAM
BLOG	LINUX	SQL
CGI	LOGIN	SSL
CHAT	MP3	TAG
E-BAY	MPEG	TLD
E-MAIL	NETIZEN	URL
FAQ	PERL	VOIP
FTP	PHP	WEB
GIF	PING	WIKI
GOOGLE	PLUG-IN	WORM
HIT	POP	XML

Word grid

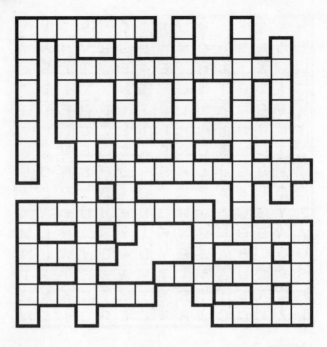

5 letter words

EBONY

HALVE

SLEET

STUDY

SWEET

6 letter words

CLERIC

SHADOW

TIGHTS

7 letter words

FISTFUL

IMITATE

8 letter words

FIGURINE

GENITIVE

PROLOGUE

UNDERLIE

10 letter words

COVER NOTES

IMPREGNATE

11 letter words

FAIR HEARING

UPS AND DOWNS

12 letter words

APOSTROPHISE

PHOTOENGRAVE

WINDING-SHEET

Across

1. Eurasian falcon (5)
4. Exclude (5)
7. Glacial epoch (3,3)
8. Nagging fish (4)
9. Trouser fastener (3)
10. Puzzle (7)
13. Having specific position (7)
14. Farewell (3)
16. Large trunked plant (4)
18. Observer (6)
19. Thin mucous (5)
20. Severe (5)

Down

1. Con (5)
2. Leg guard (4,3)
3. Routine (7)
5. Ms. Arthur (3)
6. Answer (5)
11. Mean (7)
12. Close in an arbour (7)
13. Most external (5)
15. Dirt (5)
17. Before (3)

Sudoku

	9	5	7					3
		4		6	5			
8						9	6	
	8					2	3	6
				5				
2	4	3					1	
	3	6						7
			8	4		3		
4					7	6	5	

Word grid

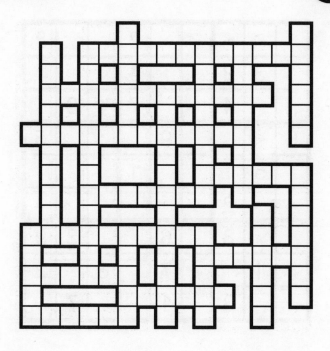

5 letter words

LYING

RESIN

ROYAL

6 letter words

ASLANT

EXPECT

FRINGE

NICKEL

SHANDY

SNAPPY

TICKLE

YUPPIE

7 letter words

ASHTRAY

ELEVENS

8 letter words

DERELICT

FUTURITY

10 letter words

PALATINATE

RECIPROCAL

12 letter words

CANNON FODDER

CONGREGATION

INEXTRICABLE

LINE PRINTERS

STORMY PETREL

Sudoku

					2			8
	3	9			4			
		4			7		9	
6				9				5
	5				1			
		2						
		8		6			3	9
	1			7		6		2
		3		1			7	

Across

1. Foolish (4)
5. Run off (4)
7. Airport (9)
8. Stitching (6)
10. Verse maker (4)
11. Long stick (4)
13. Worry (6)
15. Unreadable (9)
18. Courteous man (4)
19. Look for (4)

Down

2. Wide open (5)
3. Rotary fluid engine (7)
4. Young goat (3)
5. Informal brother (3)
6. Lord (5)
9. Idle talk (3)
10. Lies (7)
12. Oily Mediterranean fruit (5)
14. Rutabaga (5)
16. Container (3)
17. Cunning (3)

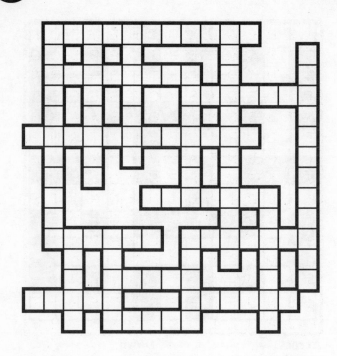

5 letter words

BIPED

DPHIL

DROOL

OBESE

OUTER

PLASH

6 letter words

INJECT

LOBBER

7 letter words

AFEARED

AMIABLE

BESMEAR

DIALECT

DIE-CAST

MAKE WAY

8 letter words

BABUSHKA

RUBIDIUM

11 letter words

STROBOSCOPE

SUBSTANTIAL

12 letter words

CAPITAL GAINS

FLYING DOCTOR

PECKING ORDER

Word search

```
A L R E W U X C T H E M E D F
C I N S M E P U I O P D L O O
S M U A O T A J T T N H A R N
T I M B D I S K O F S E O E C
A T B S E N T T O F S I W N H
T I E U R I U P R U T T R N E
I N R L N F A O M T R Y E O P
V G A E M A E P S U O L V M A
E T E C T A C T H R N R I I S
E N T R T R I C N E G A T N S
S A A E U I O N E E R E A A I
U N M N B N V F W P S E D L V
A O I D P E D E L U T E S Y E
L S N U F D F P R E T E R I T
C J A S E L D D I M X B D P S
```

ACTIVE	LIMITING	RETROFLEX
ANIMATE	MAIN	ROOT
AORISTIC	MIDDLE	SONANT
APHERESIS	MODERN	SOUND
BASE	NEW	STATIVE
CLAUSE	NOMINAL	STEM
DATIVE	NUMBER	STRONG
EARLY	OLD	SURD
FINITE	PASSIVE	THEME
FUTURE	PAST	TONE
GERUND	PHONE	UNACCEPTED
HEAD	PRESENT	VOICE
LATE	PRETERIT	WEAK

```
D K T H A M E S E G S R X K E
R R B I B L E L R C O D E X D
A A G G A R D E N B U S M W Y
U P B Q A E E W W A T A E M H
G L O B E N S E O N H S A A T
E S S N E T G J R K T D A H E
C F M H O Y A O C M A I L G G
G R T N E V O C I M J C B N D
N A E J J Z L N E B E K E I I
I H T G A V S G O I C E R K R
G J O T N T M E L G I N T C B
N G V J E I A A L B L S J U L
A E Y R E S G T G E A E Z B E
H J N O D N O L E N S X N Y M
C A U D G P A R L I A M E N T
```

ABBEY	ELGIN	LONDON
ALBERT	EYE	MADAME
ALICE	EYRE	MAGNA
BANK	GAOL	NEEDLE
BIBLE	GARDEN	PARK
BIG BEN	GINGER	PARLIAMENT
BRIDGE	GLOBE	ROSETTA
BUCKINGHAM	GREEN	SOUTH
CHANGING	GUARD	STONE
CODEX	HYDE	TATE
COVENT	JANE	THAMES
CROWN	JEWELS	WESTMINSTER
DICKENS	JOHN	ZOO

4	1	7	9		2	6		
					6			1
				7		3		
	2					5	9	
8								2
	7	5					3	
		2		4				
5			8					
		6	3		5	9	7	4

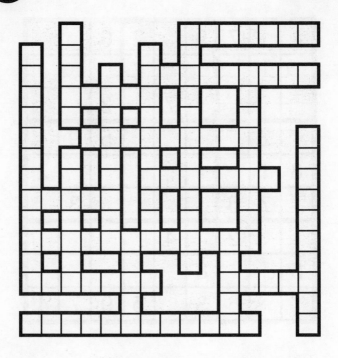

5 letter words

CHURL

CORGI

CRANE

FOCUS

SMACK

UNCAP

7 letter words

DA VINCI

HOUSING

NEGLECT

RAG DOLL

9 letter words

ANARCHISM

ARMADILLO

HIGH ALTAR

LAST-DITCH

10 letter words

DECOMPRESS

PAINTBRUSH

12 letter words

DIALLING TONE

EX-SERVICEMEN

MAID OF HONOUR

REQUEST STOPS

Across

5. Fast competitor (5)

6. Pre-Christian (5)

7. Set apart (8)

8. Acid and alcohol combined (5)

10. Trained nucleus (5)

12. Hot-weather wear (8)

14. Lethal (5)

15. Lobby (5)

Down

1. Coffeehouse (4)

2. Next to (6)

3. Turn towards (4)

4. Agriculturalist (6)

9. Shade device (6)

11. Cooling system (3-3)

12. Ventured into water (4)

13. Stop (4)

Word search

```
A B O U T L A S T N I G H T M
R A A F H A M A D E U S W A S
A C Y T A O B A S O C A S R T
I L I B M R O X G C S H A H B
L L L F B A G K O L B C E C N
R E X A F O N O H A O M O O Z
A H B N S A B D D K E O S K D
I E W O T O R B L X Y A C E E
L D B O I A O T I A E I T E T
Y O R T R Y I C W S L P S R B
C C L A S S A A N C E Z O A U
R H H L I N T E H C T I H Y B
A A E P B S P J C V G I G L I
S T R A A O G A V I H Z R D G
H D O C T G M R I F E H T S W
```

ABOUT LAST NIGHT	CLICK	MASH
ACCEPTED	CRASH	OPEN SEASON
AMADEUS	DR. ZHIVAGO	PLATOON
BABEL	E.T.	RAY
BAD BOYS	FARGO	SAHARA
BASOC	GHOST	SAW
BATMAN	GIGLI	TANK
BE COOL	HEAT	THE FIRM
BIG	HELLCAB	THE MEXICAN
BOBBY	HERO	TRAFFIC
CARS	HITCH	TROY
CASTAWAY	HOOK	WILD HOGS
CLASS	LIAR, LIAR	ZOOM

		7				1		
	3		8					9
	5		4	9			3	
		2				8	9	
9	1	4				2	6	5
	7	5				3		
	4			2	3		7	
6					5		2	
		3				5		

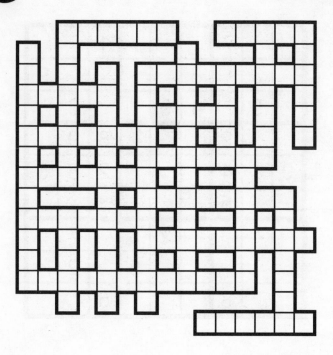

5 letter words

EGG ON

ETHOS

LAUGH

LIBEL

RUMMY

6 letter words

GROWLS

LEEWAY

QUAFFS

7 letter words

BRAVERY

LEE TIDE

MAJESTY

ONESELF

PORKIES

REEL OFF

TERMITE

8 letter words

ARMOURER

GANGRENE

9 letter words

HOUSEMATE

UNINVITED

12 letter words

COMPUTER GAME

HALF MEASURES

HIEROGLYPHIC

Across

5. Radio slot (7)
7. Round green vegetable (3)
8. Be (5)
9. Two times (5)
10. Uneasy feeling (7)
14. Urchin (5)
16. Form (5)
17. Cover (3)
18. Pleasant (7)

Down

1. Man-servant (5)
2. Giggle (6)
3. Superior (4)
4. Wearied (5)
6. Put back (9)
7. Lowest interest (5,4)
11. Bother (6)
12. Sacred song (5)
13. Means of enforcement (5)
15. Hard rubber disk (4)

Solutions

Puzzle 1

Puzzle 2

Puzzle 3

5	7	1	4	8	6	9	2	3
9	4	3	1	2	5	8	6	7
2	6	8	9	7	3	1	4	5
8	3	5	6	4	2	7	9	1
7	9	6	3	1	8	4	5	2
4	1	2	5	9	7	3	8	6
6	5	9	8	3	1	2	7	4
1	2	4	7	6	9	5	3	8
3	8	7	2	5	4	6	1	9

Puzzle 4

Puzzle 5

7	4	2	3	9	6	8	5	1
1	3	8	4	5	2	7	9	6
9	6	5	1	8	7	4	2	3
6	8	7	5	2	3	9	1	4
4	5	1	6	7	9	2	3	8
3	2	9	8	1	4	6	7	5
2	1	6	7	3	8	5	4	9
5	7	4	9	6	1	3	8	2
8	9	3	2	4	5	1	6	7

Puzzle 6

Puzzle 7

Puzzle 8

Puzzle 9

3	5	1	7	8	2	4	6	9
2	9	8	1	4	6	7	3	5
7	6	4	5	3	9	1	8	2
4	7	2	3	9	1	6	5	8
6	1	9	8	5	7	3	2	4
5	8	3	6	2	4	9	7	1
8	3	6	9	1	5	2	4	7
9	2	7	4	6	8	5	1	3
1	4	5	2	7	3	8	9	6

Puzzle 10

Puzzle 12

Puzzle 13

Puzzle 14

Puzzle 15

4	9	2	7	5	1	8	3	6
5	3	1	2	6	8	4	9	7
6	7	8	9	3	4	1	5	2
9	2	5	4	1	6	3	7	8
1	4	3	8	7	2	9	6	5
8	6	7	3	9	5	2	4	1
7	5	4	1	8	3	6	2	9
3	8	6	5	2	9	7	1	4
2	1	9	6	4	7	5	8	3

Puzzle 16

Puzzle 17

Puzzle 18

Puzzle 19

5	7	2	6	4	8	1	3	9
6	9	4	1	3	7	5	8	2
3	8	1	2	5	9	4	7	6
2	4	5	9	7	3	8	6	1
7	3	6	8	2	1	9	4	5
9	1	8	5	6	4	3	2	7
4	2	3	7	9	5	6	1	8
1	5	7	4	8	6	2	9	3
8	6	9	3	1	2	7	5	4

Puzzle 20

Puzzle 21

Solutions

Puzzle 22

Puzzle 23

Puzzle 24

Puzzle 25

Puzzle 26

Puzzle 27

6	3	1	5	4	9	7	2	8
2	8	5	1	6	7	9	3	4
9	7	4	2	8	3	6	1	5
7	5	2	8	3	6	4	9	1
1	9	8	4	5	2	3	6	7
3	4	6	9	7	1	5	8	2
8	6	3	7	1	5	2	4	9
4	2	7	6	9	8	1	5	3
5	1	9	3	2	4	8	7	6

Puzzle 28

Puzzle 30

Puzzle 31

8	2	6	7	9	4	1	5	3
1	4	5	3	2	6	8	7	9
3	9	7	1	8	5	6	4	2
4	8	2	9	5	7	3	1	6
5	6	9	2	1	3	4	8	7
7	3	1	6	4	8	9	2	5
9	1	4	5	3	2	7	6	8
2	7	3	8	6	1	5	9	4
6	5	8	4	7	9	2	3	1

Puzzle 32

Puzzle 33

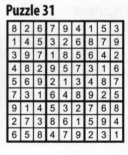

Puzzle 34

Puzzle 35

8	2	3	7	4	5	6	9	1
7	1	5	9	3	6	4	2	8
9	6	4	1	2	8	7	5	3
1	7	8	2	5	9	3	6	4
5	4	2	3	6	1	8	7	9
6	3	9	8	7	4	2	1	5
2	5	6	4	9	3	1	8	7
4	9	1	6	8	7	5	3	2
3	8	7	5	1	2	9	4	6

Puzzle 36

Puzzle 37

Puzzle 38

Puzzle 39

Puzzle 40

Puzzle 41

3	2	4	1	6	9	5	8	7
7	5	6	8	3	2	1	4	9
1	8	9	7	5	4	6	3	2
8	3	2	9	7	6	4	1	5
6	1	7	5	4	3	2	9	8
4	9	5	2	8	1	3	7	6
5	6	3	4	9	7	8	2	1
9	4	1	6	2	8	7	5	3
2	7	8	3	1	5	9	6	4

Puzzle 42

Puzzle 43

Puzzle 45

Solutions

Puzzle 46

Puzzle 47

Puzzle 48

4	2	1	6	5	7	8	3	9
8	5	7	9	3	4	2	1	6
3	6	9	1	8	2	5	4	7
5	1	8	3	7	6	9	2	4
7	4	3	2	1	9	6	8	5
6	9	2	8	4	5	1	7	3
9	8	6	4	2	3	7	5	1
2	7	4	5	6	1	3	9	8
1	3	5	7	9	8	4	6	2

Puzzle 49

Puzzle 50

Puzzle 51

9	1	2	6	4	5	3	8	7
3	6	8	7	2	1	9	4	5
4	5	7	9	3	8	1	6	2
5	7	9	3	6	2	4	1	8
1	4	6	5	8	7	2	9	3
8	2	3	1	9	4	7	5	6
2	8	5	4	1	3	6	7	9
7	9	1	2	5	6	8	3	4
6	3	4	8	7	9	5	2	1

Puzzle 52

Puzzle 53

Puzzle 54

Puzzle 55

8	9	1	7	3	5	2	6	4
5	3	6	2	4	1	7	8	9
7	2	4	9	6	8	3	5	1
9	6	2	3	8	4	5	1	7
3	4	7	1	5	2	8	9	6
1	8	5	6	9	7	4	3	2
4	7	8	5	1	9	6	2	3
2	1	3	8	7	6	9	4	5
6	5	9	4	2	3	1	7	8

Puzzle 56

Puzzle 57

Puzzle 58

Puzzle 59

Puzzle 60

Puzzle 62

Puzzle 63

7	9	4	3	1	8	2	6	5
3	2	8	7	6	5	1	4	9
5	1	6	4	2	9	7	8	3
1	5	9	2	4	3	8	7	6
8	4	3	6	9	7	5	1	2
2	6	7	8	5	1	9	3	4
6	7	2	9	8	4	3	5	1
9	8	5	1	3	6	4	2	7
4	3	1	5	7	2	6	9	8

Puzzle 64

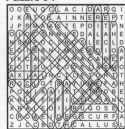

Puzzle 65

7	5	2	9	1	8	4	3	6
4	6	1	3	2	7	8	9	5
3	9	8	5	6	4	1	2	7
6	7	9	8	4	1	3	5	2
2	1	3	6	5	9	7	8	4
8	4	5	7	3	2	6	1	9
5	3	7	1	9	6	2	4	8
9	8	4	2	7	3	5	6	1
1	2	6	4	8	5	9	7	3

Solutions

Puzzle 66

Puzzle 67

Puzzle 68

Puzzle 69

Puzzle 70

Puzzle 71

8	6	4	5	7	9	2	1	3
2	9	1	3	8	6	4	7	5
3	7	5	1	2	4	8	6	9
1	2	8	9	4	7	5	3	6
6	4	9	2	3	5	1	8	7
7	5	3	6	1	8	9	4	2
5	8	2	7	6	1	3	9	4
4	3	7	8	9	2	6	5	1
9	1	6	4	5	3	7	2	8

Puzzle 72
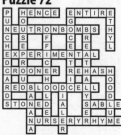

Puzzle 73

Puzzle 74

Puzzle 75
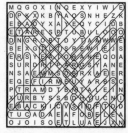

Puzzle 76

Puzzle 77

Puzzle 78

8	4	5	9	7	3	1	2	6
1	2	9	8	4	6	3	7	5
6	7	3	1	2	5	4	8	9
5	1	2	3	9	8	7	6	4
4	3	8	2	6	7	5	9	1
7	9	6	4	5	1	8	3	2
3	5	7	6	1	2	9	4	8
9	6	1	7	8	4	2	5	3
2	8	4	5	3	9	6	1	7

Puzzle 80

Puzzle 81

Puzzle 82

Puzzle 83

6	8	9	4	5	2	1	7	3
3	4	5	6	1	7	2	8	9
7	2	1	8	9	3	5	6	4
8	7	2	3	6	1	9	4	5
1	9	6	2	4	5	8	3	7
4	5	3	7	8	9	6	1	2
5	1	4	9	3	8	7	2	6
2	3	8	5	7	6	4	9	1
9	6	7	1	2	4	3	5	8

Puzzle 84

Puzzle 85

Puzzle 86

Solutions

Puzzle 87

Puzzle 88

7	6	3	8	4	9	1	5	2
9	1	8	5	2	6	4	3	7
2	5	4	7	3	1	9	6	8
1	4	2	6	8	5	3	7	9
6	3	7	2	9	4	8	1	5
5	8	9	1	7	3	2	4	6
3	2	5	4	6	8	7	9	1
4	7	1	9	5	2	6	8	3
8	9	6	3	1	7	5	2	4

Puzzle 89

Puzzle 90

Puzzle 91

7	5	8	1	2	3	6	9	4
4	2	1	7	9	6	8	3	5
9	6	3	8	4	5	2	1	7
6	9	4	3	8	1	5	7	2
3	7	5	4	6	2	9	8	1
1	8	2	9	5	7	4	6	3
8	1	9	5	3	4	7	2	6
5	3	6	2	7	9	1	4	8
2	4	7	6	1	8	3	5	9

Puzzle 92

Puzzle 94

Puzzle 95

3	6	9	4	7	8	2	5	1
8	4	7	2	1	5	6	9	3
5	2	1	3	9	6	4	7	8
7	8	3	6	5	2	1	4	9
1	5	2	9	8	4	7	3	6
6	9	4	7	3	1	5	8	2
9	7	6	5	2	3	8	1	4
4	3	8	1	6	7	9	2	5
2	1	5	8	4	9	3	6	7

Puzzle 96

Puzzle 97

Puzzle 98

Puzzle 99

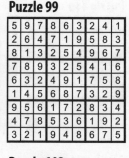

5	9	7	8	6	3	2	4	1
2	6	4	7	1	9	5	8	3
8	1	3	2	5	4	9	6	7
7	8	9	3	2	5	4	1	6
6	3	2	4	9	1	7	5	8
1	4	5	6	8	7	3	2	9
9	5	6	1	7	2	8	3	4
4	7	8	5	3	6	1	9	2
3	2	1	9	4	8	6	7	5

Puzzle 100

Puzzle 101

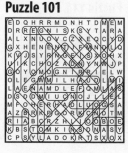

Puzzle 102

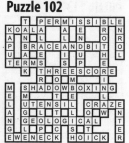

Puzzle 103

Puzzle 105

Puzzle 106

Puzzle 107

Solutions

Puzzle 108

7	1	6	4	3	9	2	5	8
8	4	5	1	6	2	3	7	9
2	3	9	5	8	7	6	4	1
6	2	7	8	1	4	5	9	3
5	8	4	9	7	3	1	6	2
1	9	3	6	2	5	7	8	4
3	6	8	7	4	1	9	2	5
9	7	1	2	5	8	4	3	6
4	5	2	3	9	6	8	1	7

Puzzle 110

Puzzle 111

4	6	5	2	7	8	1	3	9
8	3	9	4	6	1	2	7	5
7	1	2	9	3	5	4	8	6
2	8	1	7	4	9	6	5	3
6	9	4	3	5	2	7	1	8
3	5	7	1	8	6	9	2	4
5	4	6	8	2	7	3	9	1
1	2	8	6	9	3	5	4	7
9	7	3	5	1	4	8	6	2

Puzzle 112

Puzzle 113

Puzzle 114

Puzzle 115

8	1	3	7	6	5	2	4	9
6	4	9	1	2	3	5	7	8
7	5	2	8	4	9	3	1	6
1	3	8	4	7	2	6	9	5
5	6	7	9	8	1	4	3	2
9	2	4	3	5	6	7	8	1
3	8	5	6	9	4	1	2	7
2	7	1	5	3	8	9	6	4
4	9	6	2	1	7	8	5	3

Puzzle 116

Puzzle 117

Puzzle 118

Puzzle 119

Puzzle 120

Puzzle 121

2	8	5	4	9	3	6	1	7
9	7	1	6	2	5	4	3	8
3	4	6	1	8	7	5	2	9
4	1	2	9	6	8	3	7	5
5	3	9	2	7	4	1	8	6
8	6	7	3	5	1	9	4	2
6	2	3	7	4	9	8	5	1
7	5	4	8	1	6	2	9	3
1	9	8	5	3	2	7	6	4

Puzzle 122

Puzzle 123

Puzzle 124

Puzzle 125

Puzzle 126

Puzzle 127

Puzzle 128

1	5	6	2	7	8	3	9	4
3	4	7	6	9	1	5	8	2
2	8	9	4	3	5	1	7	6
7	6	1	5	2	3	9	4	8
8	2	3	9	1	4	7	6	5
5	9	4	7	8	6	2	3	1
6	1	2	3	4	9	8	5	7
4	3	8	1	5	7	6	2	9
9	7	5	8	6	2	4	1	3

Puzzle 130

Solutions

Puzzle 131

7	5	1	8	9	2	6	3	4
4	2	9	5	3	6	1	8	7
8	6	3	1	4	7	9	5	2
1	9	4	7	2	3	5	6	8
6	7	8	9	1	5	4	2	3
5	3	2	6	8	4	7	9	1
9	8	7	3	5	1	2	4	6
2	1	5	4	6	8	3	7	9
3	4	6	2	7	9	8	1	5

Puzzle 132

Puzzle 133

Puzzle 134

Puzzle 135

2	5	1	6	8	3	9	4	7
8	9	4	5	2	7	1	6	3
3	6	7	9	1	4	8	2	5
6	1	5	4	3	9	7	8	2
7	2	8	1	5	6	3	9	4
9	4	3	8	7	2	6	5	1
5	7	9	3	4	8	2	1	6
1	3	6	2	9	5	4	7	8
4	8	2	7	6	1	5	3	9

Puzzle 136

Puzzle 137

Puzzle 138

Puzzle 139

Puzzle 140

Puzzle 141

2	1	5	8	7	3	4	6	9
9	3	6	1	5	4	8	7	2
8	7	4	6	9	2	3	1	5
3	4	2	7	1	5	6	9	8
5	8	1	3	6	9	2	4	7
7	6	9	4	2	8	5	3	1
4	9	3	2	8	1	7	5	6
1	2	7	5	3	6	9	8	4
6	5	8	9	4	7	1	2	3

Puzzle 142

Puzzle 143

Puzzle 144

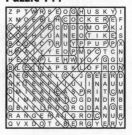

Puzzle 145

6	9	4	8	7	2	1	5	3
8	7	5	1	9	3	4	2	6
1	2	3	4	6	5	9	7	8
9	3	1	5	2	8	6	4	7
5	6	7	3	4	9	2	8	1
2	4	8	6	1	7	3	9	5
3	5	9	2	8	6	7	1	4
4	8	2	7	3	1	5	6	9
7	1	6	9	5	4	8	3	2

Puzzle 146

Puzzle 147

Puzzle 148

6	4	2	9	8	3	7	5	1
7	5	9	2	1	6	3	4	8
3	1	8	4	7	5	2	6	9
8	9	5	6	3	7	1	2	4
4	3	7	1	2	9	5	8	6
1	2	6	8	5	4	9	3	7
5	8	1	7	6	2	4	9	3
2	7	4	3	9	8	6	1	5
9	6	3	5	4	1	8	7	2

Puzzle 149

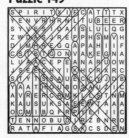

Puzzle 150

Solutions

Puzzle 151

1	3	8	7	4	9	5	2	6
6	5	2	3	1	8	9	4	7
7	9	4	5	6	2	8	3	1
3	8	1	6	9	4	2	7	5
4	6	7	2	5	3	1	8	9
5	2	9	8	7	1	3	6	4
8	1	6	4	2	5	7	9	3
9	7	3	1	8	6	4	5	2
2	4	5	9	3	7	6	1	8

Puzzle 152

Puzzle 153

Puzzle 154

Puzzle 155

Puzzle 156

Puzzle 157

Puzzle 158

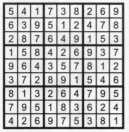

5	4	1	7	3	8	2	6	9
6	3	9	5	1	2	4	7	8
2	8	7	6	4	9	1	5	3
1	5	8	4	2	6	9	3	7
9	6	4	3	5	7	8	1	2
3	7	2	8	9	1	5	4	6
8	1	3	2	6	4	7	9	5
7	9	5	1	8	3	6	2	4
4	2	6	9	7	5	3	8	1

Puzzle 159

Puzzle 160

Puzzle 161

7	3	6	1	8	9	5	2	4
9	8	5	2	6	4	7	3	1
1	2	4	3	7	5	9	8	6
2	5	7	8	9	1	4	6	3
6	4	9	5	2	3	8	1	7
3	1	8	7	4	6	2	9	5
5	9	1	4	3	8	6	7	2
4	6	2	9	1	7	3	5	8
8	7	3	6	5	2	1	4	9

Puzzle 162

LINEUP · WARCRY · THIRST · BECOMING · CROSSDRESSER · POINTS · NERVE · HEADLIGHT · GEESE · PILASTERS · SPASM · FIGLEAF · YIELDING · TIDAL

Puzzle 163

Word search grid

Puzzle 164

MOPE · BLESSYOU · JACKDAW · MEDAL · LITRE · LOCKIN · CHINTZ · QUAHOG · VERTEX · FATSO · GROWN · APRIORI · SITUATED · STAY

Puzzle 165

6	4	5	9	3	2	8	1	7
2	3	8	1	7	4	5	6	9
1	7	9	8	6	5	2	3	4
4	6	2	3	9	8	7	5	1
5	8	7	4	1	6	9	2	3
3	9	1	2	5	7	6	4	8
8	1	6	5	4	9	3	7	2
7	2	4	6	8	3	1	9	5
9	5	3	7	2	1	4	8	6

Puzzle 166

EARTHENWARE · TOASTER · SCENE · EXACT · RESPITE · STAGEMANAGE

Puzzle 167

PROMENADES · SELLINGPOINT · MISTAKEN · FRISKY · RECAPITULATE · SNAILSPACE · INTERPRET · CHEESECLOTH · THIRDDEGREE

Puzzle 168

Word search grid

Puzzle 170

DARE · MINION · MINIMISE · PAGE · SLAY · STEERING · SAHARA · ELAN

Puzzle 171

8	4	3	2	1	5	9	6	7
5	1	6	3	7	9	8	2	4
2	9	7	6	4	8	5	1	3
7	6	5	8	9	1	4	3	2
9	3	2	4	5	6	7	8	1
4	8	1	7	2	3	6	9	5
1	2	8	5	6	7	3	4	9
6	5	9	1	3	4	2	7	8
3	7	4	9	8	2	1	5	6

Puzzle 172

STONESTHROW · ABACUS · INUNDATE · SOLEMN · RUBBLE · WASABI · GASKET · DEATHWATCH · CHRONOGRAPH · AUTUMN · AUTOBAHN · OTTER

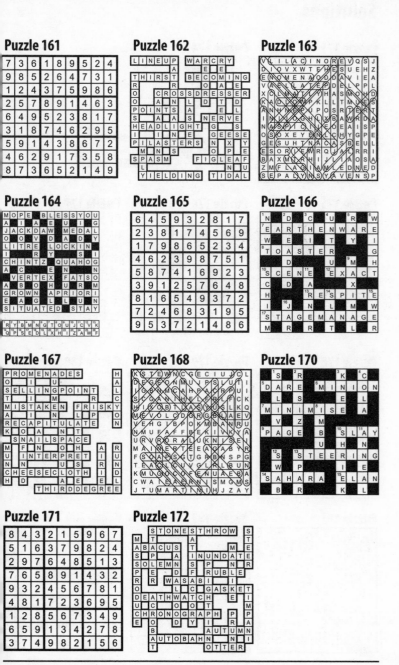

Solutions

Puzzle 173

Puzzle 174

Puzzle 175

Puzzle 176

Puzzle 177

Puzzle 178

5	2	7	8	1	4	6	3	9
1	3	8	9	6	2	7	5	4
6	4	9	5	7	3	1	2	8
2	8	4	7	5	1	9	6	3
7	9	1	6	3	8	5	4	2
3	6	5	4	2	9	8	1	7
8	5	3	2	9	6	4	7	1
4	7	2	1	8	5	3	9	6
9	1	6	3	4	7	2	8	5

Puzzle 179

Puzzle 180

Puzzle 181

Puzzle 182

Puzzle 183

4	5	8	2	1	6	7	3	9
2	9	6	7	3	4	5	1	8
3	1	7	9	8	5	2	6	4
1	2	5	8	4	3	6	9	7
6	3	9	1	7	2	8	4	5
8	7	4	5	6	9	1	2	3
9	8	2	3	5	1	4	7	6
5	4	1	6	9	7	3	8	2
7	6	3	4	2	8	9	5	1

Puzzle 184

Puzzle 185

Puzzle 186

Puzzle 187

6	9	5	7	8	2	1	4	3
3	1	4	9	6	5	7	2	8
8	7	2	1	3	4	9	6	5
5	8	7	4	1	9	2	3	6
1	6	9	2	5	3	8	7	4
2	4	3	6	7	8	5	1	9
9	3	6	5	2	1	4	8	7
7	5	1	8	4	6	3	9	2
4	2	8	3	9	7	6	5	1

Puzzle 188

Puzzle 189

1	7	6	9	3	2	4	5	8
5	3	9	1	8	4	2	6	7
2	8	4	6	5	7	3	9	1
6	4	1	7	9	3	8	2	5
3	5	7	8	2	1	9	4	6
8	9	2	5	4	6	7	1	3
7	2	8	4	6	5	1	3	9
4	1	5	3	7	9	6	8	2
9	6	3	2	1	8	5	7	4

Puzzle 190

Puzzle 191

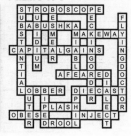

Puzzle 192

Solutions

Puzzle 193

Puzzle 194

4	1	7	9	3	2	6	8	5
9	5	3	4	8	6	7	2	1
2	6	8	5	7	1	3	4	9
3	2	4	6	1	8	5	9	7
8	9	1	7	5	3	4	6	2
6	7	5	2	9	4	1	3	8
7	3	2	1	4	9	8	5	6
5	4	9	8	6	7	2	1	3
1	8	6	3	2	5	9	7	4

Puzzle 195

Puzzle 196

Puzzle 197

Puzzle 198

2	9	7	3	5	6	1	8	4
4	3	6	8	1	2	7	5	9
1	5	8	4	9	7	6	3	2
3	6	2	5	4	1	8	9	7
9	1	4	7	3	8	2	6	5
8	7	5	2	6	9	3	4	1
5	4	1	6	2	3	9	7	8
6	8	9	1	7	5	4	2	3
7	2	3	9	8	4	5	1	6

Puzzle 199

Puzzle 200